外食一筋50年

連戦連勝の飲食店経営

「曽我マジック」と呼ばれた男の勝ち抜くアイデア・成功の秘訣

株式会社曽我 代表取締役
曽我泰夫 著

はじめに

はじめまして！元気でやってますか？

俺は、曽我泰夫（そがやすお）と言います。

飲食業一筋50年以上！今もバリバリの現役です。

今回、ご縁あって本を書くことになりました。なぜそうなったのか、元はと言えば、ある取材でついつい商売の長話をしたことでした。それがきっかけで、「本を書いてみないか」と誘ってもらったんです。タイトルにある「連戦連勝」という言葉も、話を聞いてもらって「まさに連戦連勝ですね」と言ってもらったことが理由です。今まで日記すら書いたことのない俺に本なんか書けるわけない、と最初はお断りしてたんですが、何度もお誘いを受けるうち、「これもチャンスかもしれない」と思い直し、慣れないペンを持ちました。

最近、飲食業界に元気がないように感じます。確かに街を歩いていても、廃業した飲食店をよく見かけるし、知り合いの飲食店でも「経営が苦しい」「お客様が入らない」なんて悩みをよく聞きます。

「今は飲食店にとって厳しい時代なんだ」という言い方をする人もたくさんいます。

でも、そうかなぁ?と俺は思うのです。もう半世紀以上飲食に関わっている身で言わせてもらえば、今が際立って厳しい時代だとは思いません。

むしろ、お客様の財布のひもが固い時代の方が、商売のやりがいがあると思いますよ。


もうひとつ俺が気になるのは、個人経営の飲食店が減っていると思うことです。新しくできる店はチェーン店ばかり。これは寂しい。

飲食業は、覚悟と工夫があれば、必ず成功します。これは半世紀以上、飲食と関わってきた俺が保証します。

それに何より、飲食業はおもしろい!こんなおもしろいことにチャレンジしないなんてもったいない!

この本には、俺の経験とかノウハウを精一杯詰め込みました。偉そうなことを言うつもりはありませんが、きっと読んでくれる人に役立つ話だと俺は信じています。

飲食業で独立を目標にがんばっている人達には「こうやれば独立開業はうまくいく」、今うまくいっていない店には「こうすれば良くなる」、飲食業に関心が薄い人には「飲食業をやってみたい」、さらに欲を言えば飲食と関わりのない人にも「役に立つ」と思わせる本にできたと思っています。

確かに今、飲食業界は元気がないかもしれません。ならば俺が微力ながら、元気を注ぎ込みたい、そんな気持ちで書きました。

じゃあ、さっそく聞いてください。

曽我泰夫

目次

第5章

「曽我マジック」を生んだ飲食業成功の秘訣50

第6章 飲食業界から元気な日本を復活させよう …… 171

第7章

曽我直伝！「今、繁盛間違いなしの店」

装丁・デザイン　宮本　郁

第1章

連戦・連勝「曽我マジック」

Magic

曽我氏は、「巨額赤字で廃業寸前」という飲食店を、いくつも救ってきた実績があります。しかも着手したその月から劇的な売上回復を記録しています。飲食業界の常識を覆すその手腕は、「曽我マジック」とまで呼ばれているのです。まずは、その実績の一端を紹介します。（編集部）

『新宿ルイード』の奇跡

★月売上300万円→1300万円へ

朝7時の新宿東口、出勤するサラリーマンの波に向かって、俺はビルの4階の窓からメガホンで叫んだ。

「皆さんおはようございます!こちらは4階、新宿ルイードでございます」

「音楽喫茶ルイードです!ルイードは朝7時からモーニングサービスを始めました!皆さん待ってます!!」

空から聞こえてくるその叫び声に、サラリーマンたちは驚いて上を見上げました。

自分で言うのはちょっと照れますが、これが「曽我マジック」の始まりでしたね。

俺が支配人を務めた『新宿ルイード』は、1972年から1987年まで東京の新宿東口のビルの4階にあったライブハウスです。中高年の方ならご存じかもしれませんが、70年代から80年代にかけて、日本の音楽シーンの中心とまで言われた伝説のライブハウスです（31頁に主な出演者を紹介）。

といっても、創業当時、ライブハウスなんてしゃれた言葉もありません。それどころか、どんな商売をやればいいのか、誰も分かっていませんでした。

ライブハウスですから、もちろんライブをする場所なんですが、前例のない店なので、どんなジャンルの歌手をブッキングしたらお客が入るのか分からず、最初は試行錯誤を繰り返していました。お客さんはあまり入らず、ライブだけでは採算が取れません。

そこで、最初は女の子を30人くらい雇い、「ミニスカートのウエイトレス」にして名物にしようとしたんです。ところが、この目論見はまったくの失敗だったんです。お客さんは全然入らず、毎月500万円以上の赤字。『ルイード』は創業わずか6ヶ月で廃業の危機になりました。

俺は最初から『ルイード』にいたんですが、副支配人という中途半端な立場で何もできず、立ち枯れていくような店のひどい有様を傍観するしかありませんでした。

そんな時に、ある出来事があって俺が支配人を任されることになり、『ルイード』の営業一切を取り仕切ることになったんです。

俺が支配人になった日、30人（女の子は20人に減っていました）いた全スタッフを集めて言いました。

「明日から、朝5時に出勤してもらう。以上！」

それまで11時出勤（営業時間は夕方5時から夜10時）でしたから、これは寝耳に水です。5時に来て何をするのかも、説明しませんでした。翌日、5時に出勤してきたのは、たった4人でした。そのうち3人は俺が引き連れて来た子飼いのスタッフでしたから（あと一人はレジ係でした）、事実上、誰も来なかったようなものです（笑）。

でも俺にとっては予想通り！なので驚きません。そしてスタッフに「モーニングサービスを始める」と宣言しました。もちろん俺の独断です。『ルイード』は雑居ビルの４階、モーニングサービスが逆転の切り札になるとは、たぶん誰も思わなかったでしょう。でも俺には勝算がありました。

まずは、『ルイード』の知名度です。「人気歌手のステージがある店」として『ルイード』はマスコミで大きく扱われ、知っている人は多かったのです。でも、多くの人にとって「敷居の高い場所」でもありました。そこで、「モーニングサービスでルイードが見物できるなら、一度行ってみたい」という需要はきっとあるはずだと判断したのです。

次にモーニングサービスをやっている店が少なかったこと。あってもコーヒーにトーストをつけたくらいで、魅力的とはとても言えませんでした。

そこで、コーヒーにホットドッグ、バナナとヤクルトをセットにしたのです。これならお客さんに喜んでもらえる。物見高さでやってきたお客さんもリピートしてくれると読んだのです。

そして最後が冒頭にやった呼び込みです。通勤客で賑わう朝の新宿で空から聞こえてくる俺の呼び込みは、大きなインパクトがありました。みんなこちらを見上げてポカンとしてましたね。

でも、これは単なる演出じゃあありません。「美味しいよ！一生懸命やってるからみんな来てね！」という俺の情熱を込めた叫びでした。この強い想いがあれば、きっとお客さんの心を動かせる、そう確信していました。

俺は毎日2時間、メガホンで叫び続けました。

作戦は大成功でした。連日150人以上のお客さんがモーニングサービスに詰めかけてくれたのです。


モーニングサービスが成功すると、次に考えたのはランチタイムの活用です。でも俺は当たり前のランチタイムをやろう、という発想はなかったですね。普通、ランチタイムと言えば11時から2時くらいまででしょ。2時から6時ぐらいまではアイドルタイム（ヒマな時間）になってしまいます。

そこで俺は、11時から夜の営業が始まる5時までをぶっ通しの「ティータイムサービス」と銘打ち、コーヒーにスパゲッティかピザのセットを売ることにしました。でも、これだけではランチサービスが延長されているだけです。俺はアイドルタイムに目玉が必要だと考えました。

そこで取り入れたのがディスクジョッキーです。

当時、歌舞伎町にリクエスト喫茶みたいな店がありました。つまり店内のBGMをお客さんがリクエストできたのです。これをヒントに「リクエスト曲のあいだをおしゃべりでつなぐディスクジョッキーを入れたらおもしろいんじゃないか」、と考えたわけです。

ディスクジョッキーはプロにお願いし、日替わりにして、お客さまに配るリクエストカードにはメッセージ欄を設けました。

このメッセージ欄は、ホントはお客さんの「店に対するご意見」を聞くために考えたんですが、これがディスクジョッキーとお客さまのコミュニケーション手段になったのです。ラジオのDJのハガキみたいな役割になったんですね。

午後2時、当時のヒット曲「学生街の喫茶店」を合図にディスクジョッキータイムは始まります。次第にこれを目当てにやって来るお客さんが増えていきました。
モーニングサービスとディスクジョッキータイム、この二つが『ルイード』の新たな目玉になり、『ルイード』はライブ以外の朝と昼の時間帯だけで、月商900万円の繁盛店になったのです。おかげで『ルイード』はライブの集客を気にせず黒字経営ができるようになり、朝、昼、夜で月商1300万円、黒字500万円の繁盛店に生まれ変わりました。

これが評判になったのです。『ルイード』が廃業寸前だったことも、奇跡的なV字逆転をしたことも、みんなよく知っていました。そこで俺のところに「経営を見て欲しい」という依頼がたくさん来るようになったんです。まだ俺は20代半ばの若さでしたが、飲食店に年齢は関係ない。やる気とアイデアで勝負できる飲食業の面白さ、手ごたえを強く実感したんです。

赤坂の奇跡

★月の売上500万円→1500万円へ

以来、俺は『ルイード』の支配人をやりながら、様々な飲食店の経営をまかされるようになりました（中には買い取って自分が経営者になったケースもあります）。今で言うコンサルティング業ですね。ただ、俺の場合、いわゆるコンサルタントとは根本的にやり方が違います。

まず「すべてを俺にまかせること」。干渉されては何もできませんから。これが受け入れられない話はすべて断りました。

そしてアドバイスするのではなく、必ず陣頭指揮を執りました。人まかせでは、やはり結果が出ないからです。

そのひとつに、虎ノ門（東京・港区）の『N』という老舗のフレンチがありました。1993年当時で創業30年でしたから、日本のフレンチレストランのパイオニアの1軒でしょう。ここは元々政治家が会食によく使っていた店で、全盛期には月商2000万円を越える店でした。

ところが、官費の接待費が問題となり、上限が設けられたことが原因で、政治家がぱったり利用しなくなり、月商が500万円まで落ち込んでしまいました。採算ラインは月商1000万円ぐらいですから、500万円近い赤字です。

俺は知り合いから頼まれる形で、この店の立て直しをまかされました。

俺はテコ入れをする前に、『N』のこと、周辺の事情を調べました。そして、「これなら何とかなる」と確信を得たんです。

まず最初にやったことは、パン釜を買うことでした。当時まだ珍しかった「焼きたてパン」を売り物にしようと思ったからです。

そして従業員を半分にしました。人件費のカットという目的もありますが、半分いれば十分だと判断したからです。

その上で、思い切った価格改正をやりました。『N』は、ディナーなら最低でも2万円のコースからだったんですが、俺は「ディナーは3000円のコースから。最高でも9000円まで」と決めたんです。

さらに、それまでやっていなかったランチを1000円で始めました。しかも店頭には「焼きたてパン食べ放題」と大きなポップを作りました。そして、パンのいい香りが店の外を歩いている人に届くように工夫をしたのです。

これも大成功でした。売上はすぐに月1500万円をキープするようになり、もちろん黒字に転換しました。

なぜうまくいったのか、もちろん理由があります。

まず、値段を下げたのは、新しい客層を呼び込むためです。「うちは高級店だから」といばっていても、お客が来ないなら、そんなプライドに何の価値もありません。元々の価格帯で来てくれていたお客さん(接待利用のお客)がいなくなった以上、客層の新規開拓をするべきなんです。

ただし、カンちがいしないで欲しいのは、単に値下げをすればよいわけではないということ。俺は基本的に飲食店は、安さではなく価値で勝負すべきだと考えています。大事なのは、ターゲットのお客さんに価格以上の価値を感じてもらうことです。

幸いなことに、『N』にはブランドとしての価値がありました。なにしろ30年もやっている老舗だし、元々接待に利用されていた店ですから、「ちょっと手が届かないけれど行ってみたい」という需要があったのです。だからリーズナブルな価格帯にすれば、お客さんを集める力はあると考えたのです。

それでも先ほど言ったように、値段を下げただけではダメ。かといって3000円の単価で2万円の料理を出すことはできません。内容はどうしても値段相応になってしまいます。

そこで、新たなセールスポイントを用意することにしました。それが「焼きたてパン」です。釜を買う、という初期投資は必要ですが、それに見合う大きな価値が生まれ、何よりも「わかりやすい」アピールポイントになると考えたからです。

飲食店が成功するには、こうした「わかりやすい」アピールポイントを作るのが一つの手なんです。アイデア次第で、いろいろとアピールポイントを作ることができるのが飲食店なんです。

もちろん、成功するために必要なのはアイデアだけではありません。お客さんに来て欲しい！という情熱と、来てくださったお客さまに喜んで頂きたいというおもてなしの想い。それが何より重要なのは言うまでもありません。

表参道の奇跡

★月の売上200万円→1500万円へ

いろんな店の立て直しを行なってきましたが、事例としてもう一つ紹介するなら、1997年に手がけた表参道のフレンチレストラン『L』です。俺にとって最大の立て直しになりました。

ここは表参道に面したカフェと、その奥にあったレストランがセットになった店で、カフェの方は、フランスのパリにある有名店の名前を借りたものです。当時、カフェブームのはしりとも言える店でした。

オーナーは飲食の経験がない投資家で、「東京の表参道で商売するのが夢」だったとか。パリの有名店の日本1号店になり、順調な滑り出しと思われたんですが…。

ところが、順調だったのはカフェだけ。レストランは開店当初から大赤字。2年間でなんと2億円以上もの赤字を出してしまったんです。

2億円を超える赤字というのは、想像を絶する苦境です。オーナーは必死で対策を立てたらしいのですが、有効な打開策はなく、廃業どころか親会社まで倒産の危機でした。

俺はそんな状況で相談を受けました。後で知ったんですが、相談していたのは俺だけじゃなく、あらゆるコンサルタントに相談をしていたようです。

俺はオーナーに会う前に、店を偵察してみました。確かに店には致命的な弱点があったんです。店は「表参道に面している」といいながら、実はカフェが手前にあるため、レストランはかなり奥まった場所だったんです。しかも入り口が小さくて分かりにくいため、誰もカフェの後ろにレストランがあるなんて気づかないのです。

入り口が分かりにくいのと逆に、店はとても大きい。カフェとレストランを合わせると100坪で100席以上もある大型店だったのです。カフェが35坪ぐらいだったので、レストランだけで60坪以上ありました。

これはなかなか難問だぞ、と思いました。これだけの規模の店になると、ちょっとやそっとお客が増えたぐらいでは家賃にも追いつきません（カフェが表参道に面している好立地だったので、カフェとレストランを合わせた家賃が月1000万円近かったのです）。それこそ常時満席にでもしない限り、立て直しは不可能でしょう。

でも魅力はありました。内装にお金をかけていますから店内は素晴らしいのです。さらに立派な中庭があり、天井が高く開放感がありました。

俺は考えた末、これなら方法はある、と考えました。いや、これは俺にしか立て直せない店だと思いました。それで、がぜんやる気が出たんです。

俺は、オーナーと会った時、具体的な立て直しのプランにほとんど触れませんでした。いつものように「自分にすべてまかせる」ことを条件にしただけです。ただし、今回だけはもう一つ、特別な提案をしました。

「契約金、顧問料なんかいりません。その代わり、共同で店を経営する形にしてください。つまり利益を折半しましょう。利益が出れば、その半分をもらいます。もちろん、赤字が出れば半分かぶります」

相手はビックリしましたよ。だって毎月1000万円もの赤字を出している店です。それでも赤字を半分かぶってくれると言うんですから。もちろん、こんな提案をしたのは俺だけです。他にも期待できる立て直し案を出した会社はあったみたいですが、リスクを負ってくれるなんて話はひとつもなかったそうです。

「ぜひ曽我さんにお願いしたい」。これで話はすぐに決まりました。

他人から見れば「なんて無茶な提案を」と思うかもしれませんが、俺には勝算がありました。いや、勝算があるからこそ、この立て直しはぜひ俺の手でやりたいと思って、相手が飛びつく条件を出したんです。

立て直しのためにまず、半月休みました。その間にスタッフを入れ替えます。キッチンスタッフは俺が経営していたフランス料理店から入れ、メニューはすべて変えました。値段もリーズナブルにして入りやすい店にしたのです。既に実績のある焼きたてパンのランチも1500円で始めました。これは当時、表参道のレストランで食べられるランチとしては相当のお値打ち感があったと思います。

そして表に目立つPOPを出しました。「安い、うまい、素敵な店」と大きく書いたんです。表参道には不似合いなPOPでしょうが、なりふりなんかかまっていられません。それに表参道だからこそ、こんな気恥ずかしい看板が注目を集めるはずだと思ったんです。いわゆる逆転の発想です。飲食店を成功させるには、この逆転の発想が必要な時もあるんです。

半月後、再開したレストランは、最初から大盛況でしたね。特に女性客がたくさん来てくれました。表参道というのはおしゃれな街でしょ。だから、あからさまな値段表示とかをしない店が多かったんです。逆にお客さんの立場で見ると、敷居の高い店が多かったんですね。だから「うちは高い店じゃないですよ」と大きくアピールすれば、安心して入ってきてくれると思ったんです。

でも、俺が考えていた本当の切り札は、「ウエディング」でした。

「表参道のフレンチレストランでウエディングパーティー」

これは誰が聞いても魅力的な提案です。

後で話しますが、俺は自分が経営する店で既にレストランウエディングの経験が豊富にありました。このノウハウが役立つと思ったのです。

なによりこんなパーティー向きの大型店は、表参道にはそうそうありません。通常営業では弱点になっていた広すぎる店舗が、大きな武器になったんです。

当時、表参道でレストランウエディングをやろうとしたら、一人あたり6万円かかるような店もありました。それを俺は1万5000円でプランを組んだのです。

この作戦は大成功でした。多い日には1日7件ものパーティーが入ったのです。

もちろん、ただ予約を待っていたわけじゃありません。それこそ必死で営業しました。営業は行動あるのみです。行動すべきところは、頭だけじゃなく体を使ってやり抜く。これも成功の秘訣ですね。

こうして、ランチタイムはリーズナブルな価格で集客を伸ばし、土日はレストランウエディングの予約で満席にしました。経営を一気に立て直すことができたんです。200万円にまで落ち込んでいた月の売上を、1500万円にまで持っていったので（カフェの売上を合わせると3000万円近くになりました）、オーナーから「曽我さん、本当に助かった。まさに曽我マジックだね」と言われたのを思い出します。それ以来、一度も赤字に転落することはなく、俺にも相当の利益がありました（この利益は後述する自分が経営するレストランウエディングの店のチャペルを作る費用にあてました）。

さらに余談を言えば、このレストランは最終的に10年ほど続き、ビルの建て替えで閉店することになったのですが、オーナーはその立ち退き料でも収入がありました。

飲食店の経営は、本当に紙一重の世界だと思います。このレストランは、俺が立て直さなければ、恐ろしく大きな額の借金を抱えて閉店していたかもしれません。でも、実際には、最終的にきちんと利益を得ることができました。

決して甘い世界ではないけれど、その分、大きなチャンスがある。それが飲食店の経営です。だからこそ勝ち抜くためには、頭も体もフルに使って常に真剣勝負です。その先に「成功」が待っています。

『新宿ルイード』の出演者

最初に話した新宿の『ルイード』（1972年～1987年）ですが、有名なライブハウスだったとは言え、知らない方もいると思うので、ここに出演者を紹介しておきます。紹介できるのは一部ですが、中には若い人たちでも知っている有名人がたくさんいますし、中高年の人たちにとっては当時を思い出させてくれる懐かしい歌手もいるのではないでしょうか。

紹介するにあたっては、音楽評論家の富澤一誠氏の著書「新宿ルイード物語」（1988年／講談社文庫）を参考にさせてもらいました。俺の記憶だけでは心もとないので（笑）。実は、この「新宿ルイード物語」には俺も登場するんです。富澤一誠氏が俺を取材してくれて、『ルイード』の経営改善のために曽我泰夫という男が奮闘した様子を本の中で書いてくれました。

以下に紹介するのは、本当に一部の出演者だけですが、こうして名前を記すと、俺も当時のことを色々と思い出して、感慨深いものがあります。（※出演者名、敬称略とさせてもらいます）

「1970年代の主な出演者」

菅原洋一、クールファイブ、ガロ、長谷川きよし、ブレッド&バター、りりィ、松崎しげる、RCサクセション、五輪真弓、チューリップ、ビリーバンバン、朱里エイコ、浅川マキ、アリス、井上陽水、本田路津子、しばたはつみ、キャロル、荒井由実、バズ、グラシェラ・スサーナ、高石ともや、オフコース、森田公一とトップギャラン、杉田二郎、はしだのりひこ、下田逸朗、ベッツィ&クリス、ダ・カーポ、高木麻早、山本コウタロー、グレープ、カルメンマキ&OZ、三上寛、NSP、小坂恭子、みなみらんぼう、甲斐バンド、とんぼちゃん、太田裕美、イルカ、小坂明子、南佳孝、浜田良美、テレサテン、丸山圭子、ハイファイセット、森田童子、尾崎亜美、大塚博堂、もんたよしのり、海援隊、大橋純子、来生たかお、庄野真代、アン・ルイス、浜田省吾、ARB、ばんばひろふみ、日暮し、シグナル、紙ふうせん、シャネルズ、山下久美子、石川ひとみ

「1980年代の主な出演者」

佐野元春、ザ・ロッカーズ、子供ばんど、一風堂、杉真理、ツイスト、五十嵐浩晃、泰葉、さとう宗幸、堀江淳、所ジョージ、久保田早紀、高橋真梨子、山本達彦、上田正樹、白井貴子、ブラックキャッツ、時任三郎、鮎川誠、渡辺徹、BORO、三原じゅん子、岩崎良美、片岡鶴太郎、渡辺真知子、葛城ユキ、白鳥座、伊藤銀次、スターダスト・レビュー、村下孝蔵、NOBODY、谷山浩子、ビートたけし、陣内孝則、M-BAND、山田邦子、角松敏生、美保純、爆風スランプ、

アグネス・チャン、河島英五、泉谷しげる、大江千里、ジョー山中、バブルガム・ブラザーズ、飯島真理、尾崎豊、吉川晃司、チェッカーズ、レベッカ、バービーボーイズ、中村あゆみ、クリスタル・キング、徳永英明、聖飢魔Ⅱ、トムキャット、MALTA、渡辺美里、小比類巻かほる、SHOW－YA、ラッツ＆スター

1970年代、新宿の『ルイード』で支配人を務めていた時代の曽我氏。写真左上に「RUIDO」の名前が。数々の有名ミュージシャンが『ルイード』の舞台に立った。（編集部）

連戦連勝

第2章

「曽我マジック」が生まれるまで

Biography

曽我氏は、外食一筋50年以上というキャリアの持ち主です。しかも、そのキャリアは、「飲食業界史の生き証人」といっても過言ではありません。波乱万丈の子供時代、飲食業の面白さを知った青春時代。その足跡も「曽我マジック」へとつながっていきます。(編集部)

俺がどんな人生を歩んできたのか。思えば俺は、田舎にいた子供のころから飲食業に接してきました。上京した10代の若いころから、飲食店の現場でバリバリ働き、繁盛店を作り上げる体験もしました。それらの体験は、俺にとって貴重な財産です。俺にとっての原点です。若かりしころの俺の話をぜひ聞いてください。

小学3年生の時の「出前」にも学びがあった

俺は昭和22年、九州、宮崎県の都城市に7人兄弟の末っ子として生まれました。実家は、地元では「分限者」（昔の言葉で財産家という意味）として知られていて、戦後になっても、まだかなりの資産家だったんですが、ラッキーボールって分かりますか。今のパチンコの元祖みたいなもんです。このラッキーボールのホール経営に手を出して大失敗したんですよ。まあうまい口車に乗って騙されたみたいです。結局財産をほとんどなくし、家族は6畳一間で（独立した兄姉をのぞいた）、5人が暮らす生活になってしまいました。俺が小学3年生の時です。両親とも裕福な家庭で育ったから、まさに天国から地獄だったと思いますよ。

その後、最後の資産として残っていた小さな山を処分し、そのお金で古い家を買い、父は釣具屋、母は定食屋を始めることになりました。でも、結局父は商売をやらなかったので（結局、父は生涯普通に働くことはなかったですね）、俺たち家族は、母の定食屋『第一食堂』で食いつなぐことになったんです。

俺も小学生のころから家計を助けるために食堂の手伝いをしていました。食堂は町外れで、あんまりお客さんも来ないので、自分なりに売上を増やそうと工夫しました。例えば、近くの川でウナギやチヌ（河口だったので川魚も海の魚もとれたんです）を釣って持ち帰り、食堂の献立を増やしたりとか。

家の手伝いはいろいろありましたが、一番印象に残っているのは、出前のことですね。立地が良くないので、出前は重要でした。うどんなんかを自転車で、工事現場に出前するんです。片手におかもち、片手でハンドルを握るんですよ。

俺は、出前の時、いつも自転車を全力でこいでいました。早く終わらせたかったからです。でも、それがお客さんにすごく喜ばれたんです。「早いから麺がのびなくていい」。

出前は俺の他にパートのおばさんがいたんですが、この人は「おつゆをこぼさないように」ゆっくり運んでいたんです。一方、俺は少々おつゆがこぼれることなんかお構いなしで急ぎました。

この時、俺は、お客さんにとって「おつゆがこぼれないこと」よりも「のびないうどんが食べられること」の方が大事だということを知りました。

これは俺が飲食店をやる上で、最初の教えになりました。つまり、「お客さんは何を望んでいるんだろう」と考えることです。

あとで理解できたことですが、お客さんが何を望んでいるか、答はいつも同じじゃあありません。俺がお客さんに喜んでもらえたのは、工事現場で働く人達だったからでしょう。家にお客さまが来ていて店屋ものを取ったんなら、少々のびてもいいからていねいに運んで欲しいと思ったかもしれないのです。お客さんは時と場合で「望んでいること」が変わってきます。気持ちをくみ取るには、常に注意深く観察する必要があるのです。

でも、当時の俺は、将来飲食業で身を立てようなんてみじんも思っていませんでした。俺の夢は、映画スターになることでした。もっと言えば、正義の味方になりたかったんです。

当時、娯楽の王様といえば映画でした。俺は特にチャンバラ映画が大好きで、新作がかかるたびに映画館に足を運んでいました。いきつけは、1回で何本も見られる二番館です。家の手伝いでもらった小遣いは、ほとんど映画につぎ込んでいました。それでもお金が足りなくて、便所の窓からこっそり入ったりもしましたが、不思議なことに映画館で怒られたことはなかったですねえ。今思えば、「こいつ、しょうがねえガキだな（笑）」と許してくれていたんだと思います。

上京し、俳優学校に合格。音楽喫茶で働く

俺は、映画スターになることしか考えていなくて、早く田舎から飛び出したかった。東京に行けば何とかなると思ってましたね。

それで、中学の修学旅行の時、勝手に上京しました。修学旅行の行き先は、京都、奈良だったんだけど、そのお金で東京に行ってしまったんです。昭和38年の

ことでした。

東京に着くと、代々木にあった俳優学校に入りました。当時、50人受けて3人ぐらいしか合格しない狭き門だったんですが、無事合格しました。まあ、合格できなくても東京に残る覚悟だったんですが。


入学が決まると、今度は自分の生活を考えなくちゃいけない。そこで、銀座の「音楽喫茶」で働き始めたんです。その店は、当時「東洋一」と言われた音楽喫茶です。音楽喫茶というのは、歌手やバンドのステージがある喫茶店のことです。今のライブハウスの喫茶店版ですね。といっても俺が働いていた店は1500ぐらいのテーブル席がある大きな施設で、坂本九さんとかクレイジーキャッツといった当時の人気歌手のステージがあったりして、ライブハウスと言うよりコンサートホールの喫茶店版といった方がイメージが近いと思います。コーヒーを飲みながら人気スターのステージが見られたんです。

歌手の楽屋と従業員の控え室は隣同士だったんで、俺はスター達と身近な場所で働くことになりました。そこで思ったのは、「スターと言っても特別な人間じゃないなあ」ということです。後の『ルイード』時代、俺がミュージシャン相手に物怖じしなかったのは、こんな経験があったからだと思います。

俺はこの音楽喫茶で、それこそ必死で働きました。生活費に加えて、俳優学校の授業料や、時代劇の心得として習い始めた日本舞踊の月謝を稼がなくちゃならないからです。早出残業なんでもやりました。

田舎から出てきていきなり銀座で働き出したと言えば、戸惑ったように思われるかもしれませんが、そんなことは気になりませんでした。こっちは小学生の時から飲食業をやっているので、むしろ「東京の人間はのんびりしているな」なんて思ったくらいです。仕事をするのも覚えるのも早かったですね。だから、皿洗いからスタートして、すぐにボーイになりました。

でも、肝心の映画俳優への道は、あっさり見切りました。つまらないと思ったからです。俺は、映画は大好きでしたが、映画の作り方なんか全く知りませんでした。だから俳優が同じ芝居を何度も繰り返すこととか、待ち時間が長いことに退屈してしまい、「役者なんかこんなもんか」と思ったんです。生意気に聞こえるかもしれませんが、当時はそう思ってしまったんです。

その代わり、新しい目標を見つけました。日本舞踊です。元々時代劇をやるための心得として始めたんですが、役者よりずっとおもしろくなり、「舞踊家として身を立てよう」と決心したんです。

10代後半、「コンパ」と呼ばれた業態で大活躍

音楽喫茶は、ほぼ1年働いてやめました。その音楽喫茶が経営難で、近い将来に閉館が決まっていたからです。俺は店がつぶれる前に転職しようと思ったわけです。

次に働く店も決めていました。新宿にあった喫茶店で、『マーメイド』という名前の店です。

『マーメイド』は新宿駅東口の改札を出て数十メートルのところにありました。

新宿駅の改札は当時からあんまり変わらないので、場所は今でもわかります。『マーメイド』は、当時流行最先端の店でした。50席ぐらいある楕円形の大きなカウンターの内側に厨房があるオープンカウンターの店で、働いているのは12人ぐらい。みんな、なかなかの美男子でした。立地の良さもあって、店は待ち合わせ場所として利用されており、カップル客が多かったんですが、店のボーイ（バーテン）目当てに来る女性客も多い店で、いつも満席でした。

俺は中央線沿線に暮らしていたんで、銀座への通勤は、中央線で新宿駅まで行って地下鉄丸ノ内線に乗り換えていました。だから通勤途中に『マーメイド』の前を通るんです。

俺はいつも颯爽と働くボーイ達を見て「かっこいいなあ」と思っていました。働くならこんな店がいいと思ったんです。それで、17歳だったのを20歳と年をごまかして（笑）面接を受け、『マーメイド』に入りました。

入ってしばらくすると、『マーメイド』のような人気店にも悩みがあることを知りました、売上の伸び悩みです。いくら繁盛していても、当時の売上は1日7万円ぐらい。経営者にとっては物足りない数字だったのです。

そこで俺は「お酒を売ったらどうか」と提案しました。昭和40年ごろ、サントリーレッドなどのウイスキーが発売されて、家庭で人気だったんです。でも、ウイスキーを気軽に飲ませてくれる店はあまりありませんでした。ウイスキーなどの洋酒はキャバレーやバーで飲む高級品だったからです。これを安い値段で売ればきっと売上が上がると思ったんです。

でも、ただ売るだけではおもしろくない。そこで、どうせ売るなら、カクテルも売ろうと提案したんです。当時、カクテルと言えばホテルのバーぐらいでしか飲めない時代、もちろん高級なものでした。それを気軽な値段で売ったらおもしろいと思ったんです。

さらに、売り方も考えました。俺は西部劇も好きだったんですが、よくウイスキーが入ったグラスをカウンターに滑らせるシーンがありますよね。「かっこいいなあ」と憧れていたあのシーンをヒントにしたんです。ただ、西部劇の場合、滑らせたグラスをキャッチするのはお客ですが、そのまま再現するのは無理ですよね。そこで、バーテンの連係プレイを考えたんです。つまりドリンクを作ったバーテンがグラスを滑らせ、お客さんの横で別のバーテンがキャッチして渡す、という演出です。

ここからどんどん演出がエスカレートしていきます。ビールは投げる、ボトルやマドラーをくるくる回す、さらに雰囲気を盛り上げるために、当時人気だったベンチャーズの曲をBGMにしました。トム・クルーズの「カクテル」という映画がありましたね。あんな演出を今から50年前にやったんです。

これはホントに大人気になりました。売上が一気に倍以上になったんです。毎日、夕方6時頃になると、店にベンチャーズのノリノリの曲が鳴り響きます。ここから店内はショー空間になるのです。

俺が考えた演出は、いろんな効果がありました。バーテン目当てに女性客が詰めかけ、ファンクラブのような状態になりました。若い女性中心でしたが、中には中高年のマダムもいましたね。

成功の秘訣はショーだけじゃありません。当時、女性が気軽にお酒を飲める店があまりない中で、「仕事帰りにちょっとカクテルを一杯」というOL（昔はビジネスガール、BGと呼んでいたように思いますが）がたくさん来てくれたんです。

今思えば、女性が気軽にお酒を飲める店のルーツ的な存在だったと思うんです。さらに、そこに集まっている女性をガールハント（ナンパ）しようと、男性客が集まって来ました。『マーメイド』は大変な繁盛店になり、しばらくすると新宿には似たような店が増えていきました。さらに渋谷や池袋、全国に広がっていきます。これらの店は、「コンパ」という名前で呼ばれました。

『マーメイド』が「コンパ」の元祖であったかどうか、それは分かりませんが、コンパブームの火付け役であり、トップランナーだったことは間違いありません。でも、ボトルを投げたりするような派手なパフォーマンスは、他のコンパではやっていません。とても真似ができないからです。

じゃあ、なぜ『マーメイド』だけパフォーマンスができたのか。それは、俺に日舞の心得があったからです。チャンバラの立ち回りでも日舞が基本になるように、日舞はアクションを演出するのに役立つのです。そこで、俺が先生役になり、バーテンみんなで練習して、パフォーマンスを覚えたんです。

俺の演出は親会社に評価されて、20歳前には副店長になりました。これは俺にとって大きな自信になりました。まだまだ青二才でしたが、飲食の世界は、自分のアイデアとがんばりで可能性が広がる、収入がアップするチャンスがあることを知ったのです。

Memory

約50年前、曽我氏が10代後半の時に働いていた『マーメイド』で撮影した写真(右から二番目が曽我氏)。「営業後に、みんなでちょっとふざけて撮った写真。俺も若かったなあ(笑)」(曽我氏)。お札を手にしているのは、その日の売上が良かったからだろうか? なんとも微笑ましい写真であり、その後、飲食業で数々の成功を勝ち取っていく曽我氏の人生を象徴するような一枚だ。(編集部)

プロの舞踏家を目指して挫折

でも当時、俺にとって飲食業は、「あくまで生活の手段」でした。俺の夢はプロの舞踊家になることです。最初はHという先生に習っていたんですが、この先生のところには「習い事」として通ってくる女性が多く、俺はほぼ唯一の男だったんで、発表会の「相方」として頼まれることが多く、自分のための稽古ができません。真剣に日舞をやりたかった俺には不満でした。

そんなある日、『マーメイド』の常連さんでもあった、ある舞踊家から、「養子にならないか」という話が舞い込んだのです。その舞踊家は、子供がいなかったので、俺を跡継ぎにと言ってくれました。

俺にとっては願ってもない話、ではあったんですが、話は簡単じゃあありません。養子になるとなれば、10年は稽古に精進しなくてはならないのです。その間、恋愛なんか御法度、舞踊以外の仕事も全部辞めなくてはなりません。言ってみれば坊主になって寺で修行するのと同じ覚悟が必要なのです。

でも、『マーメイド』が俺のアイデアで大成功していましたから、仕事を辞めるのは惜しかった。決心もあきらめもつかないまま、悩んでいた19歳の時、俺は結核で倒れたんです。原因は過労でした。なにしろ1日13～15時間働き、そのあと毎日3時間以上、踊りの稽古をしていて、睡眠時間は3時間ぐらいという生活を続けていましたから。

俺は元々体力に自信がありました。音楽喫茶や『マーメイド』でスピード昇進したときも、やっかむ先輩がいたんですが、みんな腕っぷしでねじ伏せました。昔は酒を売る店なら客同士のケンカは日常茶飯事だったんですが、それを押さえ込むのも俺の仕事だったんです。そんな自分の体力への自信が、過信になっていたんですね。

結局3ヶ月の入院を含め、まる1年間、療養生活を送りました。ちなみに俺の療養生活の間、ずっと世話をしてくれた女性が、今の妻です。

病気から回復してまもなく、踊りの会がありました。俺にとっては復帰講演のようなものです。そこで俺はオーソドックスな演目をやることになりました。稽古から遠ざかっていたとはいえ、これならよく覚えているから大丈夫と思って舞台に立ったんです。

ところが、踊っている途中で、続きを忘れてしまったんです。俺は舞台の真ん中で、凍りついてしまいました。その時間は1分くらいだったようですが、俺には1時間、いやもっと長く感じたのを覚えています。まわりのフォローもあって、なんとか演じ終え、舞台から降りてきた俺に向かって、師匠は「全然練習できなかったからしょうがない」と慰めてくれましたが、俺のプライドはずたずただったし、師匠に恥をかかせたことも重くのしかかりました。

結局、養子の話は自分から断りました。舞台の失敗で自信を喪失したことに加え、つきあっていた今の妻と別れることはできないと思ったからです。

「この女を幸せにしないといけない。この女を裏切ったら俺は一生ダメになる」

それが俺のケジメだと思いました。中途半端にできないので、5年間必死に学んだ日本舞踊の道もすっぱり捨てました。日本舞踏の道を途中でやめることになったのは、俺の人生で最大の挫折でしたね。

舞台に立つ10代の時の曽我氏。舞踏家の道は断念せざるを得なくなったが、真剣に稽古に打ち込んだ青春の一ページ。(編輯部)

挫折はそれだけではありません。1年のブランクを経て、帰ってきた『マーメイド』には、あの過激なパフォーマンスが消えていました。みんなを引っ張っていた俺がいなかったんだから当然と言えば当然なんですが、「俺が一生懸命やってきたことはなんだったんだ」という失望感は大きかったですね。

復職してまもなく、俺は移動になりました。目黒駅内にある系列のカフェレストランの副店長になったんです。20歳そこそこの俺に対して、1年休んだにもかかわらず、会社は昇進で報いてくれたわけですが、新しい勤務先は当たり前のレストランで、俺のやる気を奮い立たせてはくれませんでした。結局数ヶ月でやめました。『マーメイド』では通算5年働いたことになります。

コーヒー豆の会社でコンサルタント体験

『マーメイド』を去った俺には、次の仕事が決まっていました。喫茶店の立ち上げ屋、今で言えばコンサルタントですね。

昭和45年当時、喫茶店の開業ブームが起きていました。その頃喫茶店のマスターは人気の職業で、多少の資金があって、独立自営を考えている人は、みんな喫茶店をやりたがっていました。

俺の仕事は、喫茶店の内装から始まって、コーヒーや軽食の作り方、接客の指導から従業員教育まで、そのすべてを指導する、今で言えばコンサルタントです。ただし、単なる指導だけではありません。実際に店に入って一緒に仕事をして、経営が軌道に乗るまで面倒を見るのが仕事でした。

ちなみに俺は喫茶店に雇われていたわけではありません。雇ってくれたのは、喫茶業界で名の知れたコーヒー豆の業者でした。今でもあるかもしれませんが、コーヒー豆の業者が、仕入れ一切を請け負う代わりに、開店までの面倒を見る、というシステムだったんです。

この会社は『マーメイド』時代につきあいがあった業者で、俺が『マーメイド』を繁盛店に変えたいきさつもよく知っていました。それで、目黒でくすぶっていた俺に「やってみないか」と誘ってくれたんです。

俺は、この話に飛びつきました。俺はもう生涯飲食業で食っていく覚悟でしたし、経営者にもなるつもりでした。この仕事ならいろんな場所で経営体験ができる、これは自分にとって勉強になると思ったんです。それに歩合制ではないけれど、店が繁盛したら成功報酬も出すという条件だったことも、俺をやる気にさせてくれました。

結果から言えば、この経験は、俺にとって貴重な財産になりました。飲食店が成功する上で、最も大事なことの一つを身をもって学んだからです。何よりも大事なこと、それは「飲食店を成功させるためには、立地にあった店にする」ということです。

立地が違えば、客層も違うし、混み合う時間帯も、味の好みも違います。駅前なら値段をリーズナブルにして席数は多め、回転効率を優先することがありますが、住宅地ならばゆったりめの席数にして料理を充実させ、客単価を上げる方が良い場合があります。つまり全く逆の作戦が正しいこともあります。

俺は、担当する店が決まると、まずその周辺をよく歩きました。一番ヒントにするのは近隣の繁盛店です。そこがなぜ成功しているのか。実際に客になり、いろいろと分析するのです。さらに人通りはどれくらいか、どんな客層が多いのか。様々な要素を頭に入れ、どんな店作りがいいか決めていきました。

もう一つ重要なことは、熱意です。いくらデータを活用しても、それだけではお客さんは入ってくれません。「お客さんに来てもらいたい」という想いが大事なのです。言っておきますが、それは「思い込み」とは違います。自分の欲でお客さんは来てくれません。お客さんの顔色をうかがい、何を望んでいるのか、それを読み取って、お客さんに提供することが「熱意」なんです。

自画自賛するのは恥ずかしいですが、俺が立ち上げた喫茶店は（少なくとも俺が関わっている間は）、すべて成功しました。もちろん、俺が去った後も繁盛した店がたくさんあります。

ところが、喫茶店の経営者はひと癖もふた癖もある人達でした。考えてみれば、人気店で修業をしようというわけでも、専門学校で学ぼうというのでもない。いわばノウハウをお金で買おうとしている人達です。俺の目から見ると、商売に真剣さが足りないことが目につきました。そこで俺はかなり厳しい調子で、オーナー達の意識改革をやりました。それが成功した店は良かったんですが、そうでない人もいましたね。

ある店は、資産家の娘がオーナーでした。娘が「喫茶店をやりたい」とねだったから、甘い親が店を買い与えたようなものです。本人にとっては遊び感覚だったんでしょうが、俺は真剣に「店を繁盛させるんだ」と思っていますから、すぐに衝突しました。

でも、俺は相手に使われているわけでもないし、容赦はしませんでした。サボろうとするのをしかりつけ、泣かせたこともありました。よほど俺が怖かったのか、その後、俺の見ている前では殊勝に皿洗いなんかしていましたが、俺がいないとサボってばかり。結局、俺が去ってからしばらくして、店は閉めたそうです。

もっとひどい例もあります。ある店は、マスターにあこがれた男がサラリーマンをやめて開業しました。ところが、工事業者にダマされて大損をし、そのあげく工事途中で業者が逃げ出してしまったんです。もう資金もない、工事も終わっていないという最悪の状況で、俺が入りました。

俺は格安で内装を仕上げてもらうと、猛烈な勢いで働きました。普通5人は必要な店員を3人に減らし、メニューも工夫して、とにかく売上アップをはかったんです。おかげで店はすぐに黒字経営になりました。

ところが、しばらくするとオーナーが店を空けることが多くなったんです。俺は何軒か店を掛け持ちしていたので、軌道に乗ると数日おきにしか顔を出さなくなったんですが、その間にオーナーにおごりが出たんですね。苦しいときは必死ですが、うまくいき出すと手を抜く、甘く考える。このオーナーもその一人でした。

そんなある日、ランチタイムの忙しい時間帯に店を訪ねると、なんと店員が二人しかいません。オーナーと若い女の子の店員がいないのです。残った店員に聞くと、「オーナーは女の子と一緒に『近所の店を偵察してくる』と言ったまま帰ってこない」と言うのです。俺は「レジの金は持っていっていないだろうな」と聞くと、その店員は返事ができませんでした。俺はそのままヘルプに入り、ランチタイムを切り回しながらオーナーの帰りを待ちました。

のんきに帰ってきたオーナーは、俺の顔を見て肝を潰したでしょう。その後、俺はオーナーにみんなの前で土下座をさせました。

当時の俺は、赤字経営から解放されたオーナー達からは神様みたいに感謝されましたけど、同時に鬼のように恐れられていました。それでも俺はオーナー達に嫌われることなんか何とも思っていません。俺を雇っていたコーヒー豆の会社には、「あんな男を雇うな」と苦情があったんですが、俺が実績を上げているから、会社からとやかく言われることもありませんでした。

でも、そういう話は当然俺にも聞こえてきます。俺としてはオーナーの店を繁盛させるために一生懸命やっているのに、逆恨みされるのはやりきれない。そんな風に思うようになっていました。それで、これ以上続けたら会社の迷惑になると思い、3年でやめたんです。

俺は既に結婚していて、長男も生まれたばかりだったんですが、「まあ、なんとかなるさ」と人生初の無職生活（笑）に入ったんです。

運命の1日差

結局、無職生活は4ヶ月続きました。毎日、新聞の求人欄を読み、面接に行っては帰りにパチンコをする生活です。

乳飲み子をかかえて、妻は何も文句を言いませんでした。それで、俺もそろそろ何とかしないとやばい、と思い始めたとき、ある求人広告が目に入りました。確か『花嫁学校』という店名の、いわゆるピンクサロンで店長候補の募集があったんです。その高給にひかれ、面接に行きました。

面接では最初に「女を扱う商売（つまり風俗店）の経験はあるか？」と聞かれました。俺は正直に「ありません」と答え、「でもやっていける自信はあります」と言いました。面接した社長は、俺の面構えが風俗向きだと思ってくれたんでしょう。本当は経験者が欲しかったみたいなんですが、俺を店長候補として雇ってくれたんです。「条件通りの給料は出す。その代わり、ダメなら即クビ」と言われました。

あと、働くためには黒服が必要で、自前で用意しろと言われました。俺はもちろん黒服なんか持っていないから、帰り道に月賦で買いました。まだ量販店なんかなかった時代ですから結構な買い物でしたが、俺はやっていける自信があったから思い切って買ってしまいました。

その夜、「面接決まったから」と妻に報告した俺は、上機嫌で息子を風呂に入れていました。その時、辞めたコーヒー豆の会社から電話がかかってきたんです。「おまえにぴったりのいい話があるから、今すぐ来い！」という話でした。辞めた会社なのに、俺が無職生活をしていたことを気にかけてくれていたんです。でも俺は、今日仕事は決まったし、高い黒服は買ったし、風呂に入った後でもあったんで、「今日は無理ですよ」と言っちゃいました。そんな俺に対して、「話を聞くだけでもいいから」と粘ってくれたので、「じゃあ明日なら行きますよ」と返事をしたんです。

翌日、話を聞きに行くと、「今度新宿にルイードという音楽をやる店ができる」という話でした。そして「本来なら支配人をお願いするつもりだったんだが、昨日来なかったから支配人は別の人にやってもらうことになった」というのです。「でも、副支配人で良ければやってもらえないか」と言われました。

俺は考えた末に、風俗店の方は辞退して、『ルイード』の副支配人になることに決めました。ステージをやる店は最初に働いた音楽喫茶で経験があるし、自分のことを気にかけて、熱心に誘ってくれた前の会社の手前もある、と思ったからです。

俺は今でも運命のようなものを感じています。もし電話が1日早かったら、俺は最初から『ルイード』の支配人だった。逆に1日遅ければ、俺は風俗店で働き始めていただろうし、そうなっていればそのまま風俗の世界で働いていただろうと思うのです。

もし風俗で働いていたなら、俺の人生も変わっていたはずです。たぶん、大成功しているか、途中でケンカでもして大変なことになっているかのどっちかだったと思いますよ。俺のことだから、後者の可能性の方が高いかな（笑）。

「俺に全部まかせてくれ！」。ルイードの〝総支配人〟に

前にも話しましたが、『ルイード』は昭和47年4月、新宿駅の東口からほど近い場所にあるビル4階にオープンしました。芸能事務所の会社が、所属タレントの活動の場として開いたものです。当時、歌手の活動の場所と言えばテレビ、ラ

ジオ、コンサートが中心です。そうなるとテレビ向きでない歌手とか新人歌手はなかなか活動場所がありません。そこで、『ルイード』が生まれたんです。

とはいえ、『ルイード』は全く新しいスタイルの店でした。それまでにもジャズのステージがある店なんかはあったんですが、ポップス、歌謡曲をメインに、最新の音響・照明設備を備え、300人も入る規模の飲食店なんて他にありませんでした。

一番の難問は、ステージのやっていない時間帯をどう営業するかでした。店も大きいし、家賃も高いですから、ステージのない時間帯は休み、では経営が成り立ちません。

俺が1日遅れた結果、支配人になったのは、元銀座の高級クラブのマネージャーでした。今だから言えるけど、それこそ「マンボでやってきてジルバで帰って行く」ようなキザな男でしたね。彼の肩書きは支配人ですが、総支配人は音楽事務所から出向し、飲食業は素人だったので、実際の経営は全部彼が握っていて、実質的な〝総支配人〟でした。

支配人は、自分の経験から、『ルイード』をキャバレー風にしようと考えたんでしょうね。女の子を30人も雇い、ミニスカートをはかせて接客させたんです。もちろん、女の子はホステスではなくウエイトレスですから隣に座ってというわけじゃありませんが、ちょっとした「お色気」をセールスポイントにしようと考えたんでしょう。

でも、これは俺に言わせれば、完全な間違いです。まず立地や客層を考えていない。当時の新宿は若者の街で、特に『ルイード』があった場所は、キャバレー風の店にしたところで需要がない。銀座なら可能性はあったかもしれないけど、新宿ではダメだろうと思いました。

案の定、お客は全然入りませんでした。営業前に女の子達を外に出し、ビラまきをさせたりしたんですが、効果はありませんでした。それどころか、女の子はビラまきをサボって喫茶店でおしゃべりしている有様でした。でも、支配人は見て見ぬふりだったんです。

俺は、コンサルタント時代に使っていた子飼いのスタッフ3人と一緒に店内の飲食営業だけを取り仕切っていました。悪化する経営に危機感は感じていたものの、所詮は副支配人、経営方針にまで口を出せる立場ではなかったんです。

オープンして5~6ヵ月、ようやく経費削減のために女の子を20人に減らしたのですが、不入りは相変わらず。正直なところ、あと数ヶ月もつかどうか、というところまで『ルイード』の経営は悪化していました。

そんなある日、俺が連れてきたスタッフの一人が支配人に呼び出されました。支配人はこう言ったそうです。「この店はもうすぐつぶれる。実は俺に銀座のクラブからマネージャーをやらないか、という誘いがあるんだ。おまえは見どころがあるから、俺についてこないか」。

スタッフは、その話をすぐに俺に伝えました。「こんなこと言ってますが」。

俺はアタマにきましたね。自分の判断で店を沈没寸前にまでしておきながら、自分だけ逃げだそうとするとは!

俺は支配人の首根っこを捕まえ、社長のところへ連れて行き、タンカを切りました。

「社長、こいつ、こんなこと言ってるけど、あんた達知ってんの?」

俺はもうやめるつもりでしたから、支配人は「こいつ」、社長も「あんた」呼ばわりです(笑)。

「俺もやめる。それがいやなら今すぐ支配人をやめさせろ」

そして「まかり間違って、どうしても俺にやめて欲しくないんだったら、俺に経営を全部まかせてくれ。俺の好きなようにやらせてくれるなら、店を立て直してみせる。それを今決めてくれ!」と迫ったんです。社長は、しばらく考えて「曽我くんに全部まかせる」と言ってくれました。それで、俺が実質的な〝総支配人〟となり、最初に紹介した『ルイード』の立て直しの話(12頁~)につながるんです。

その後、長く続く俺の外食人生は、この時から本格的にスタートしました。昭和47年、1972年です。マクドナルドの日本1号店が銀座に出店したのが1971年なので、外食業界がまさに激変していく時代でした。

曽我氏が支配人を務めた『ルイード』の仕事場の写真。写真奥に「己の仕事に全力をつくせ」という貼り紙があるが、当時から曽我氏は、「大事なことは壁に貼る」という従業員教育を実践。後で紹介する「曽我マジックを生んだ　飲食業成功の秘訣50」の一つとしても紹介されている取り組みだ。（編輯部）

連戦連勝

第3章

広がる「曽我マジック」の世界

Shinjyuku

曽我氏は、『ルイード』の成功をきっかけに、様々な飲食店を立て直し、さらに経営者として非凡な才能を発揮します。その発想力と実践力で、飲食業の新たな可能性を次々に切り開いていきます。(編集部)

「歌える店」をいち早く作って大繁盛

『ルイード』の経営回復に、まわりは驚きましたね。「まるでマジックだね」なんて大げさな言われ方をしたのも、これが最初でした。

それで、あちこちから「店を立ち上げるんだが」とか「今、うちの店が不振なんだけど」といった相談がいくつも俺にもちかけられたんです。俺は『ルイード』の支配人という立場ですから、自由に関わるわけにはいきません。それに『ルイード』も「これから」という状態だったし、俺は飲食部門だけではなく、ライブのキャスティングを含めて経営全部を任されていたので、他の店の面倒まで見る気にはなりませんでした。

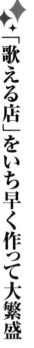

それでも「どうしても」という話はあるもので、何軒かの店に関わることになりました。飲み屋もありましたが、ホテルの和食店とか今まで経験したことのない業種に関わったりして、「飲食だったらなんでもできる」という自信になりました。

そうしている間に、『ルイード』は深夜も含めて連日満員という状態になりました。

ここでちょっとした問題ができました。それまでライブが終わればそのまま『ルイード』で打ち上げだったんですが、できなくなってしまったのです。どこか近所に打ち上げ場所が欲しい、という声が上がったんです。

「じゃあ、俺が近所に店を出すよ」と提案したんです。自分がオーナーをやるチャンスだと思ったからです。『ルイード』では経営一切を任されていて、自分の給料も自分で決めているくらいでしたが、そろそろ自分の力で店を立ち上げてみたいと考えたのです。１９７４年のことです。

場所は『ルイード』から徒歩でわずか1分の場所。雑居ビルの4階で、15坪、ベンチシート主体の22席の店でした。当時の新宿は保証金も家賃も高かったんですが、開店資金は借り入れも含め、全部、俺負担です。そのために自分の会社も立ち上げました。店の名は『エル・ルイード』です。

『エル・ルイード』には、思い切った投資をしましたが、勝算がありました。『ルイード』では毎日ライブがあるので、いろんな音楽関係者がやって来ます。彼らは『ルイード』だけでは飲み足りないから次の店に行くわけです。でも、彼らは新宿がホームグラウンドじゃないから、あんまり行く店がない。そこへ俺が店を出したらきっと来てくれる。彼らが経費で使う飲み代が相当な額になることを知っているから、これで十分店はやっていけると思ったんです。

でも、それだけで十分だとは思いませんでした。関係者はあくまで保険で、一般のお客さんに喜んでもらえないと成功とは言えないからです。

そこで、まず営業時間を夕方5時から朝5時までにしました。他の店より早くオープンし、始発までねばれる店にすれば、お客さんが使いやすいと思ったからです。

さらに、高い酒は置かず、料金はリーズナブルに設定しました。また、料理メニューも充実させ、何時でもしっかり食事ができるようにしました。

こういった工夫は、俺が周辺の店をリサーチして、どんなニーズがあるのか考えた結果です。新宿は24時間人通りの絶えない街ですから、こういったサービスが喜ばれると思いました。

加えて、俺にはもう一つ、アイデアがありました。それは、いまでいうところの「カラオケ」です。当時は、「カラオケ」がまだ一般化していなかった時代で、それどころか、素人が人前で「歌をうたう」のは恥ずかしいことと考える人が多かったんです。そんな時代に、俺は誰もが気軽に店で歌えるサービスを取り入れたわけです。

先ほども言ったように、当時、俺の知る限り、カラオケはもちろん、一般人が一人で、人前で歌う習慣はありませんでした。ただ1軒だけ、四谷に「歌えるバー」がありました。そこにはほんの数曲だったと思うんですがオケテープがあって、お客さんが歌うことができたんです。俺は何度か店に行って、「このアイデアはおもしろいかも」と思ったわけです。

というよりも、自分で歌ってみて、これが楽しかったんです。最初は俺も人前で歌うのはすごく恥ずかしくて嫌でした。でも、いざ歌ってみると、何とも言えない高揚感があり、歌い慣れてくると快感になる。これはイケル、商売になると、すぐにピンときました。

『ルイード』は常に最新の音響や照明の機材を導入していたので、余り物がたくさんありました。音源は、音楽関係者を通じて簡単に手に入ります。問題は歌詞カードでしたが、これは全曲、手書きで用意しました。大変でしたが、「絶対、お客さんに喜んでもらえる」と思ったからです。

こうして、『エル・ルイード』では店で歌えるサービスを始めました。でも、正直なところ、どれくらいのセールスポイントになるのかは未知数でした。ともかくサービスの一環になればと思っていたんです。

ところが、このサービスが大受けしたんです。最初は、歌わないお客さんから「うるさいから何とかしろ」と、苦情もあったんですが、そのお客さんもいつの間にか歌うようになりました。実は自分も歌いたかったんですね。最後はマイクを離さなくてまわりが迷惑するくらいでした（笑）。

その人気は、超満員で入りきれない人が続出するほど。混んでいる時は、22席の店に40人ぐらい入れました。どうやって入れたのかというと、男性客のひざの上に女性客が座るんです。もちろん強制じゃあありません。お客さんが「それでもいいから」と詰めかけたからです。とにかくすごい熱気で、お客さんはとても楽しそうでした。まさにストレスを発散できる楽しい店。それが『エル・ルイード』だったんです。雑居ビルの４階という立地で月商が６００万円を超えていたので、本当に大繁盛でした。

最初は数十曲だった曲目も、お客さんのニーズに合わせてどんどん増やしていって、最終的には千曲を超えました。音源もテープからレコードに変わりました。タイミングを合わせるようにカラオケレコードが大量に発売されるようになったからです。

そのうちカラオケマシーンも見かけるようになりましたが、『エル・ルイード』は最後までスタイルを変えませんでした。エコーもキーコントロールもピッチコントロールもありませんからカラオケマシーンよりも歌いにくかったはずですが、お客さんには喜んでもらえました。たぶん、プロ用の音響機材とか曲数の多さとか、当時のカラオケマシーンにない魅力があったんだと思います。

カラオケをやった経験で特に印象に残っているのは、「ケンカがなくなったこと」ですね。当時、お酒を出す店では、お客さんどうしのケンカが絶えなかったんです。仕事帰りに酒が入るわけですから、どうしても話題は仕事の話になるわけですよ。昔はサラリーマンも血の気の多い人がたくさんいたから、酔った勢いでケンカになる。新宿ではもう毎日でしたね。お客さんのケンカが絶えないから店を閉めざるを得ない。そんなケースも珍しくなかったくらいです。

そんな中、『エル・ルイード』では、歌のサービスが人気になったおかげでピタリとケンカがなくなりました。歌いたくてもう、ケンカしてる場合じゃないんでしょう。たぶんこれは『エル・ルイード』だけじゃなくて、全国的な現象だったんじゃないかなあ。つまり、「カラオケ」には日本中の飲み屋からケンカを減らす効果があったと思います。

女性客を掴んだ「気軽なフレンチ」の店

新宿に出店したもう一つの店についても話しておきたいと思います。１９８１年にオープンしたフレンチの店です。新宿でもう一軒、店を増やす際、まず物件の条件として『ルイード』や『エル・ルイード』から歩いて移動できる範囲を考えました。

俺は『ルイード』の支配人が本業ですから、基本的には『ルイード』にいなくちゃいけません。だから、自分の店を増やすにしても、徒歩圏内の方が都合が良かったんです。

見つかった物件は、歌舞伎町でした。大通り沿いのビルの３階です。その当時、歌舞伎町は風俗街という感じではなく、昼間から女の子がたくさん歩いている街でした。

俺は「ここでなにをやろうか」と考え、いつものように周辺をリサーチした結果、フレンチにしようと決めました。その頃からフレンチブームが始まっていて、都内にはぽつりぽつりとフレンチが増えていたんですが、歌舞伎町を含む新宿周辺には、あまりなかったんです。フレンチをやれば、女性客が来てくれると考えました。

ただ、高級店をやっても難しい場所だと思ったので、名前も「レストラン」ではなく「ビストロ」にして価格設定もおさえました。店名は『ビストロ・ルイード』です。新宿で『ルイード』の名前は知れ渡っていますから、その系列店だと知れば、興味で入ってきてくれるお客さんがいると思ったからです。もちろん、『ルイード』や『エル・ルイード』でも『ビストロ・ルイード』の宣伝はしっかりやりました。

俺は飲食店経営のポイントは二つあると思うんです。それはある意味、とても当たり前のことかもしれませんが、同時にとても大事なことです。一つは、どんな理由でもいいからお客さんに店に入ってもらうこと。もう一つは入ってくれたお客さんに喜んでもらえるように「美味しい」「安い」「サービスがいい」店にすることです。これは繁盛店づくりの原点ですね。

おかげさまで、『ビストロ・ルイード』も爆発的、とまではいきませんでしたが、十分な繁盛店になってくれました。

日本料理店を焼き肉店に

年代が前後しますが、1970年代、俺はコンサルティングしていた店の一つにも大きな変化を起こしました。舞台は、日本料理店です。そこは後楽園球場に近い場所です。後楽園球場は東京ドームができるまでジャイアンツの本拠地だった球場です。

あのあたりはオフィスも多く、日本料理店はサラリーマンが主な客層だったんですが、一つ問題がありました。週末、土日に売上が落ち込んでしまうのです。

経営自体は黒字だったんですが、サラリーマン相手ではこれ以上の伸びは期待できない状況でした。これが丸の内みたいに土日は人がいないオフィス街ならあきらめもつくんですが、ここは違います。週末になれば、野球観戦に訪れる5万人もの家族連れでごった返すのです。でも野球観戦のお客さんは、堅苦しい日本料理店には立ち寄りません。

俺は通りにあふれる人の波と、寂しい店内を見比べながら、なにか方法はないかと考えました。そこで思いついたのが「焼き肉屋」です。

実は俺は焼き肉が大好きです。始めて焼き肉と出会ったのは、東京に出てきてからでした。生まれ育った田舎には焼き肉屋なんかありませんし、当時は東京でもまだ少数でした。そんな中、興味本位で、1軒の焼き肉屋に入った俺は、焼き肉のうまさに感動しました。なにしろ一度に月給のほとんどを使ったくらいでしたから。

それ以来、俺の好物は焼き肉になり、ヒマを見つけては有名店を食べ歩いていたんです。だから、この店を成功させるには焼き肉しかない、と思ったんです。

焼き肉の魅力は、なんといってもファミリーで「箸で食べられる」料理だということです。日本料理は堅苦しい上、ファミリー向きじゃありません。洋食はナイフとフォークを使うのでめんどくさい。でも焼き肉ならみんなでわいわい騒ぎながら飲んだり食べたりできます。マナーも関係ないし、子供連れでも大丈夫です。野球観戦帰りで盛り上がる家族連れには、きっと喜ばれると思ったんです。経営的にも焼き肉には魅力があります。追加注文があるからです。客単価が固定されているよりも、ずっとやりがいがありますね。

日本料理店から焼き肉屋への転換と聞くと、大変そうに思うかもしれませんが、俺には問題ありません。まず、板前さんは事情を話して、他店に移ってもらうことにしました。当時、板前さんは板前長をリーダーとしたチームのようなもので、板前長が移籍すれば、調理場全員で移籍するのが普通だったんです。

焼き肉屋の調理スタッフは、『ルイード』から呼びました。俺は『ルイード』のスタッフを集めて「これから俺は焼き肉屋を始める。この中で焼き肉屋をやる気のある奴、焼き肉のノウハウを覚えたいと思っている奴はいないか」と呼びかけました。すると、5人が名乗りを上げてくれたんです。

そこで俺は、彼らに作戦をあたえました。もう時効だから白状しますが、それぞれ別の有名焼き肉店でアルバイトすることを命じたんです。期間は2ヶ月、その間に各店のタレの作り方や仕込みのやり方を盗んでこいという作戦です。行く店、盗んできて欲しいタレやメニューなどは、全部俺が指定しました。ただ、肉を切る仕事だけは2ヶ月のアルバイトでは覚えられない（やらせてもらえない）ので、プロを一人雇いました。

こうして万全の準備を整え、焼き肉店はオープンしたのです。1973年のことです。

40年前に「一頭買い」

焼き肉屋をオープンするにあたり、俺にはもう一つ、とっておきのアイデアがありました。それは「牛の一頭買い」です。ただし、これはセールスポイントじゃああありません。今でこそ「一頭買い」を看板にする焼き肉屋もたくさんありますが、当時、そんなことがうたい文句になるなんて思っていなかったからです。だから告知もしていません。

一頭買いの狙いはただひとつ、コストダウンでした。牛一頭丸ごと買えば、肉屋から肉を買うより安く上がると思ったんです。

段取りはこんな感じです。千葉の館山にあった畜産場に行き、生きている牛の中から「これとこれ」と選びます。牛はと畜してすぐには食べられないので、1週間ぐらい経ったらトラックに乗って肉を取りに行くのです。その際、次の牛を決めて帰ります。もちろん支払いは現金でした。当時で1頭50万円くらいですね。それでも安く上がるはずだったんです。

ところが、これが想定外に大変でした。まず、館山は外房ですから交通の便が悪い。片道3時間、往復6時間はかかります。

肉は一頭そのまま、首を落とし、皮を剥いだだけの状態です。血まみれですから、かなりグロテスクなもんですよ。初めて持ち帰った時、スタッフの一人が卒倒したくらいですから。

でも、一番大変なのは、肉を解体することでした。牛の体重の多くは骨なんです。牛一頭のカタからモモまでにかけての肉を「枝肉」と言いますが、枝肉を解体してそれぞれの部位に切り分けていくのは、「骨抜き」と言って、専門の職人がいるくらい難しいんです。

これには困りました。肉屋から何人も応援を頼み、肉を解体するだけで1日仕事になりました。

しかも、一頭の肉から取れる各部位の分量には限りがありますが、それぞれの部位がバランスよく売れるわけではありません。足りない部位が出てきますが、補充できないので、次の買い付けまで売り切れになるしかありません。

つまるところ、一頭買いは失敗でした。往復の移動、解体に雇う肉屋の手間賃、骨のロス、売り切れによる損などを考えると、とても割に合わなかったんです。

1ヶ月もやらないうちに、俺はひそかに肉屋に見積もりを出してもらいました。すると、肉屋で買った方がよっぽど安くつく、ということが分かったんです。

でも、すぐにはやめることができませんでした。一頭買いの肉はお客さんに大好評だったので、引っ込めづらくなったんです。結局、一頭買いは我慢できるギリギリまで続け、半年でやめました。

焼き肉屋には他にも失敗談があります。焼き肉の食べ放題をやったことです。

当時、まだ焼き肉の食べ放題は珍しく、関西の方でやっているという話を聞いて、試しに始めたのです。

ところが、今度は後楽園という場所が仇（あだ）になりました。後楽園はすぐ近くに柔道の総本山、「講道館」があります。また後楽園ホールは格闘技の聖地と言われ、プロレス興行の中心地でした。この柔道やプロレスの選手が、焼き肉食べ放題に襲いかかったんです（笑）。彼らの食べる量はハンパじゃありません。とても採算が追いつかなかった上に、普通のお客さんも、ごつい男の群れにびびって客足が遠のく有様でした。おかげで食べ放題は、3ヶ月でやめることになりました。

山あり谷ありだった焼き肉店経営ですが、それでも赤字になった月はなく、売上も日本料理店時代よりもずっと向上しました。俺はこの店を買い取り、オーナーとして約10年、経営しました。

「店の売却」。それも成功の形の一つ

後になって、『ビストロ・ルイード』も、焼き肉店も、欲しいという人があっ

たので売却しました。繁盛店のまま売却しましたから、相当な収入になりましたよ。

実のところ、後楽園は通うには遠かったので手放したのですが、『ビストロ・ルイード』の方は事情がありました。

同じビルにアダルトショップが入店してきたのです。その頃から歌舞伎町には風俗店やアダルトショップが徐々に増えていきました。俺は「これはまずいなあ」と思いましたね。女性客が入りにくくなるからです。

まだ客足に影響はありませんでしたが、将来のことを考えると思案のしどころでした。そこで、前々からこの店を欲しがっていた常連客がいたので、事情を話してみると「それでも欲しい」と言われたので、売却したんです。

余談ですが、俺は自分の店を自分で閉めたことはありません。すべて売却しています。しかも、投げ売りではなく、相応の利益がありました。

俺は、店を売却することもビジネスの一環だと考えています。商品価値のない店は誰も買いません。相手が欲しいと思う店だからこそ、相応の値段で売れるのです。

そして、相応の値段で売れれば、それが次の店を出店するための資金になります。新たなチャレンジができるのです。俺はそこに、大きなやりがいを感じながらやってきたし、その意味で「店の売却」も成功の形の一つだと思うのです。

ルイード3大事件

話がちょっと重くなったんで、余談に『ルイード』の思い出話をしたいと思います。「ルイード3大事件」というのは、俺がつけたんですが、どれも警察沙汰だったので、立派な事件でしたね。警視総監賞も、もらいましたよ。

1．大暴れ女性による骨折事件

これは、『ルイード』がオープンした年の9月末のことです。その日は女性歌手Iのライブだったんですが、そこへ女の人が訪ねてきたんです。

女はIの同級生だと名乗り、会わせて欲しいと言ったので、スタッフがIに問い合わせたんですが、「そんな名前は知らない」という。偽名だったのです。

そうこうしているうち、店まで入ってきた女性は電話を貸して欲しいと言いだし、ピンクの公衆電話で話し始めましたが、よく見るとお金を入れていない。つまり独り言なんです。気味が悪くなったスタッフは俺に報告してきました。「変な女が店にいます」。俺は別室で打ち合わせをしていて、それまでの様子は見ていなかったんですが、「とにかく1階まで一緒に行って、立ち去るまで見届けろ」と指示しました。

ところが、またスタッフが「大変です！」と駆け込んできました。エレベーターで1階に降ろし、見送ってやっと安心と思ったら、引き返してそこにあったビールの空ビンをガンガン割っていると言うんです。スタッフは怖くなって俺に助けを求めたんですね。

俺も慌てて下に降りてみると、ビールの破片が散乱しているだけで女性はいません。おかしいなあ、と思いながらも、4階に戻ってみると、今度は別のスタッフが「大変です！」。

『ルイード』はビルの４階で、５階は証券会社だったんですが、鍵を閉めていなかったらしく、その女性が事務所に侵入して暴れているというのです。

駆けつけると事務所は大混乱、書類は散乱し、花瓶は割れ、なおも女性は暴れています。俺はスタッフに警察へ連絡させると、とにかく取り押さえようとしました。でもなんといっても相手は女性だから、取り押さえると言ってもつかむ場所がない（笑）。ようやく肩をがっちりつかんで取り押さえました。

本当ならそのままエレベーターに乗れば下にパトカーがいたんですが、俺はとにかく『ルイード』に連れて行こうと思い、階段を下りました。ところが、途中の踊り場までおとなしく捕まっていた女性が、急に暴れ出し、俺を突き落としたんです。俺は踊り場から４階まで宙を飛んでたたきつけられ、左腕をぼっきり折っちゃいました。

そのまま女性は連行され、後で聞いたんですが、女性は旦那が刑務所に入り、そのせいで本人も精神病院に入っていたそうで、そこを脱走して『ルイード』に来たらしいんです。事件は終わったものの、大変だったのは骨折した俺です。翌日からランチ営業を始める予定で、調理ができるのは俺だけなのです。「しょうがない」とまず坊主頭になりました。髪をセットできないからです。それからギブスが取れるまで、俺は片手でフライパンを振り続けました。

2. 連続強盗犯事件

ある日、刑事が『ルイード』にやってきました。「○月○日に、Hがおたくでライブやるんですよね」。「そうですが、なにか」。「その日、ライブ会場に捜査員を配置したいんですが」。Hは当時、人気トップの歌手です。話を聞いてみると、刑事達は、ある連続強盗殺人未遂犯を追っているというのです。それがHの大ファンなので、ライブに現れる可能性が高い、というわけです。俺は二つ返事で了解しました。

当日、6人の刑事がやってきたんですが、なぜか2人途中でいなくなり、4人で張り込んでいました。2人は1階、残り2人は巡回していたようです。

人気タレントのライブですから、その日は開場前から100人あまりが並んでいました。『ルイード』の場合、行列は階段で、4階から上に伸ばしていくんです。4時半ぐらいかな。ちょうどリハーサルの最中だったんですが、俺は胸騒ぎがして、行列の様子を見に階段を上っていったんです。

その時、上の階で刑事の一人が怪しい男を見つけ、職務質問をしたらしいのです。男はいきなり刑事の股間を蹴り上げ、逃走しました。「そいつを捕まえてくれ!」という叫びを俺が聞いたのと同時に、上から転がるように階段を下りてくる男がいました。

俺はそいつに左ひじで体当たりをかまし、そのままうっちゃりのように体をかわして、男と一緒に階段を転げ落ちたのです。男が下、俺が上になって床にたたきつけられました。男は一瞬気を失ったんですが、すぐに目を醒まし、すごい力で暴れます。俺は男ともみ合いながら、「警察は何してんだ!早くしろ!」と叫ぶんですが、なかなか刑事が来ない(笑)。たぶん1分あまりのことだったんでしょうが、俺には長い時間でしたね。

ようやく刑事が3人駆けつけたんですが、それでもなかなか取り押さえられない。俺はいったん格闘から解放されたんですが、歯がゆくなってまた参戦。結局

4人がかりで取り押さえることができました。幸いお客さんにけが人はいなかったんですが、俺はまた左腕を痛めてしまいました（全治2週間で済みましたが）。なんとか男は逮捕され、一件落着となったんですが、実は男はいつも護身用にドスを持ち歩いていたそうなんです。たまたまその日は持っていなかったので良かったのですが、ホントに危ないところでした。「冗談じゃないよ！そんな奴と格闘させるなよ！」という体験でしたね。

また、それ以上に大変だったのが後日談です。この事件がテレビで放送され、俺はマスコミに追いかけられるハメになりました。俺にとって取材をうけることに何のメリットもないし、仕事の邪魔になるしで、ほとほと困りましたよ。

3. 連続爆破予告事件

またある日、刑事がやってきました。今度は「電話に逆探知装置をつけさせて欲しい」と言うのです。人気女性アイドルAのコンサートやライブ会場に「時限爆弾を仕掛けた。爆破されたくなかったら公演を中止しろ」という脅迫電話が相次いでいる、ここにも脅迫電話がかかってくるはずだから、逆探知装置をつけて張り込みたいという話です。もちろん承諾しました。

案の定、脅迫電話がかかってきました。電話は俺が受けました。「すぐ中止しないとみんな吹っ飛ぶぞ」と脅してくる相手に、俺はのらりくらりとかわしながら通話を引っ張りました。まあ、刑事ドラマで見るようなシーンと同じですね。

ところが、思ったより短時間で逆探知は成功しました。なんと犯人は『ルイード』から50メートルと離れていない喫茶店から電話していたんです。そこは「テレフォン喫茶」と言うんでしょうか。客席すべてに公衆電話が取り付けてあることが売りの喫茶店でした。

俺は、「ちょっと相談するから」と電話を切らずに、刑事二人を連れて犯人のいる喫茶店に向かいました。なんで俺がついていったかというと、俺は犯人の声を聞いているし、ウエイターの服装をしているから、喫茶店でうろうろしていても犯人に不審に思われないからです。俺は刑事二人を出入り口に待たせて一人で店に入りました。犯人を特定したら、刑事を呼びに行く段取りでした。

犯人はすぐにわかりました。俺が「ちょっと用があるんだけど」と声をかけると、顔面蒼白になり、その場で観念しました。意外なことに犯人は色白のおとなしそうな学生でした。俺の形相を見て、すぐ降参するような男だったんです。

その後、男がどうなったのか知りませんが、犯歴もないからと言うことで、『ルイード』からは告訴しませんでした。これもマスコミに追いかけられて大変でした。これが3大事件の顛末です。

出演者たちとは「距離を置いた関係」を保った

事件以外の思い出なんですが、俺は基本的に親しくなった歌手やタレントはいなかったですね。どちらかと言えば、距離を置いた関係だったんです。

現場の責任者として、俺は出演者たちに時に厳しいことも言わなければならなかったんです。特に店を預かる身として不満だったのは、出演者が開演時間を守らないことです。今でもそうだと思うんですが、開演時間になってもなかなか始まらないでしょ。あれってもったいつけているんだろうけど、時間にルーズなことが正しいわけないと思うんですよ。

俺は「リハーサル時間は長くなってもいい。その代わり、その分、早く入ってくれ」としつこく言うんですが、なかなか守らない。だからよく怒ってました。だからミュージシャンからの評判は悪かったでしょうね。でも、お客さんに失礼なことは放置できなかったんです。

ただ、無名だったり、下積みだったりした歌手が『ルイード』でチャンスをつかんだりした時は、一緒に喜びました（以下ミュージシャン等の名前、敬称略）。

例えば武田鉄矢。彼はフォークシンガーとしてデビューし、「母に捧げるバラード」が大ヒット、一度は紅白歌合戦にまで出たものの、それっきりで鳴かず飛ばずの状態でした。でも、トークがおもしろいこともあって、『ルイード』には何度も出演していたんです。

そんな彼が再ブレイクしたのは、山田洋次監督の「幸福の黄色いハンカチ」（高倉健主演）なのですが、山田監督が彼を見初めたのは『ルイード』でした。

『ルイード』に松竹から「山田監督が武田のステージを見たいと言っている。うまくいけば俳優としてデビューできるかもしれない」という電話が来たことを覚えています。映画出演が決まった時、みんなで祝杯をあげました。

その他にも、松崎しげる、シャネルズ（ラッツ＆スター）なんかは、『ルイード』との縁が深い印象ですね。31頁で紹介したように、他にも様々なミュージシャンが出演しましたが、俺は音楽は門外漢だから、『ルイード』のキャスティングについて自分の言い分にはこだわりませんでした。あえて言うならば、俺の仕事は、『ルイード』という「ミュージシャンの居場所」をしっかり守ることだったと思っています。

『ルイード』に出演した歌手は、本当に有名人がたくさんいました。ミュージシャンたちのご機嫌をとって親しくなれば、まわりに自慢したりもできたかもしれない。でも俺は、そんなことはこれっぽっちも考えませんでした。俺の役目は現場を守ること。それが『ルイード』の運営において、何より大事なことだと思っていました。その思いはまったくブレなかったです。現場を守るためには、リーダーがブレないことが大事なんです。

1987年、『新宿ルイード』が閉店

余談ついでに時間を先に飛ばして、新宿の『ルイード』が1987年に閉店したいきさつを少しだけお話しします。新宿の『ルイード』が閉店した理由は、「振動問題、騒音問題に対する苦情が高まったため」とマスコミには説明されました。でも、騒音はオープン以来のことですから、特に問題だったのは振動だったんです。

当時、山下久美子や白井貴子が「総立ちの女王」「学園祭の女王」と呼ばれて人気がありました。それまで『ルイード』では激しいライブであっても、お客さんは着席して観ていたんです。それが山下や白井のライブをやると、みんなが立ち上がるようになりました。それだけなら良かったんですが、床をどんどん踏みならす、テーブルや椅子に乗って盛り上がるという状態になってしまいました。おかげでずいぶんテーブルや椅子が壊されましたね。それで付近から苦情が殺到

したんです。棚のものが落ちるとか、ホコリが舞うとかそういう苦情です。それで、安全性にも不安があるという話も出て、まあ閉店ということになったんです。

でも、実は閉店の大きな理由は移転先にめどがついていたからなのです。それがいろいろあって、本来、移転する予定だった場所に移転できなくなってしまったんです。細かい事情を書くのはやめておきますが、それが１９８７年に閉店となった大きな理由です。１９７２年、新宿東口のビルの４階にオープンした『新宿ルイード』は、15年の歴史に幕を閉じました。

店の空気が凍りついたハプニング

この章の最後に、もう一つだけ、話を聞いてください。先に話した『エル・ルイード』（歌をうたえる店）での忘れられない出来事です。

いつものように、お客さんがノリノリで歌をうたっていたのですが、ちょっと様子がおかしい。かなり酔っていて、歌っている途中でおう吐してしまったのです。お客さんは立って歌っていたので、そのおう吐は勢いのいいシャワーのようでした（汚い話しですみません）。
　そのシャワーの下にいたのが俺でした。たまたまお客さんと一緒に飲んでいて席に座っていたら、上から降ってきたのです。俺はモロに頭からおう吐をかぶることになりました。運が悪いことにちょうど買ったばかりの新品のスーツを着ていたのですが、それも台無しです。

　店の空気が凍りつきました。俺が激怒しても当然の状況だったからです。でも、だからこそ、俺は怒ったりしませんでした。スタッフたちが慌てて近寄ってきましたが、小声で「みっともないから騒ぐな」と手で制しました。そして、心配そうな顔をしているお客さんたちに向かって、「だいじょうぶだよ、これぐらい。気にしないで」と笑顔で声をかけて安心させました。まるで何事もなかったように、さらりとやり過ごしたのです。

　なぜ、そうしたのか。それができたのか。もちろん、経営者だからです。これぐらいのことで経営者がジタバタしているような店だと、お客さんの信頼は得られません。特にお酒を売る店では、経営者はちょっとやそっとのことでは取り乱さず、堂々としていることが大事なんです。そういう店主の姿が、お客さんの信頼感につながります。

お酒を売るということは、お客さんを酔わせるということです。酔わせたら予期せぬことも起こります。そんな時に、経営者が落ち着いて対処できるかどうか。お客さんを安心させることができるかどうか。とても大事なことです。ちょっと大げさに言えば、お酒を売る店を経営するからには、その「覚悟」が必要だと俺は思います。

連戦・連勝

第4章

「曽我マジック」次の一手

Kunitachi

　曽我氏は、1984年から東京都国立市に出店、新たな展開を見せてくれます。国立の駅は新宿から西に向かって電車で30分ほどの場所。新宿という都心から、閑静な住宅地へ本拠を移すことで、どんな「マジック」を見せてくれるのでしょうか。(編集部)

桜で決めた国立出店

昭和59年、1984年のことです。スタッフから「国立の桜を見に行きませんか、きれいですよ」と言われたんです。国立駅からまっすぐ伸びる大学通りは桜の名所なんですが、俺は国立に住んではいたものの、あんまり興味がなかったんで、見に行ったことはありませんでした。その時もたいした興味はなかったんですが、せっかくだからと彼と妻と3人で出かけたんです。

桜並木を歩きながらも、まあ「ふーん」ぐらいの感覚で、それほど感心はしませんでした。でも、駅を背にしばらく歩いていると、「テナント募集中、飲食可」という貼り紙を見つけたんです。俺は桜見物よりも物件のほうが気になりました。「ちょっと中を覗いてみようよ」ということになったんです。そこは2階建ての倉庫みたいな建物で、1階には洋服店が入っていて、空き物件というのは2階でした。

中に入っても、特にピンと来るわけではなかったんです。「思ったより中は狭いな」、「人通りも少ないし、ここで飲食は難しいんじゃないの」とか言いながら、ふと振り向いたのです。

そこには満開の桜が窓いっぱいに広がっていました。俺は思わず「すげえなこりゃ！」と声を上げたんです。

それで思ったんです。「ここで店をやるのも悪くないか」と。その頃の俺は、どの店も絶好調だったんで、気持ちがガツガツしてなかったんでしょうね。桜は1年で数日しか楽しめないし、ここで店をやっても大して儲からないだろうけど、「一軒ぐらい、のんびりやる店があってもいいか」と思ったんです。もちろん、どんな場所でも赤字経営には絶対にしない自信もありました。

じゃあ何をやろうか、という話になり、最初は「趣味でやるんだから、俺の好きな焼き肉にしようか」と提案したんですが、スタッフは「フレンチがいいですよ」と言うんです。ちょうどフレンチが都心から郊外へと広がりつつあった時代です。国立は高級住宅地だから、良い客層がいると言うのです。

ならば国立のフレンチを偵察してみようという話になり、当時、国立で人気があったフレンチの店に出かけてみることにしました。そこでまず気になったのは、外に「小学4年生以下のお子様は、入店をお断りします」と貼り紙がしてあったことです。「なんだよ、田舎の店のくせに生意気だな」とカチンと来たんです。

入店すると、俺たちは店のほぼ真ん中の席に案内されました。そして数分遅れて、そこそこお年寄りの団体が入店してきたのです。団体客には2テーブル必要だったんですが、あいにく空席がバラバラで、俺たちのテーブルをはさんで、離れて座ることになったんです。俺たちはまだテーブルに何も来ていない状態だったんで、「席を移っても良いですよ」と申し出たんですが、マネージャーは、「いえ結構です」と言って断りました。俺は「なんでだよ」と思ったものの、そのままにしておいたんです。

そして食事が始まりました。団体客は、最初はおとなしかったんですが、花見気分で浮かれていたんでしょうか、次第ににぎやかになり、やがてワインをついだりつがれたりするために離れた席の間を往復するようになっていました。する

Memory

この「窓からの桜」を見て、曽我氏は国立出店を決めた。写真下が曽我氏が出店したフレンチレストランの外観と曽我氏の近影。（編集部）

と、マネージャーがとがめます。「お客さま、他のお客さまのご迷惑になりますので、席を離れないでください」。俺はその時、「いや、俺たちは全然迷惑じゃないよ」と言ったんですが、マネージャーは「お客さまは黙っていてください」と言いだしたんです。(こいつ、店の外に引きずり出してボコボコにしてやろうか)と思ったんですが、妻も一緒だし、何とか我慢してそこはやり過ごしました。そして店を出た後、決心したんです。こんな店が大きな顔をしているなんて絶対に許せない。俺がもっといい店を作ってやる、と。

こうなると、「お客さんが来ても来なくてもいいや」というわけにはいきません。「俺の店を国立で一番人気のフレンチにしなくちゃならない」に変わったのです。

レストランウエディングを始める

さっそく店作りに入ったんですが、最初の問題は店の広さが28坪と手狭だったことです。ゆったり空間を使えば採算性が悪くなるし、席を増やせば窮屈になる。ただ、この問題に関しては、工事で店舗スペースを拡張できることが分かり、店は40坪になりました。これなら十分な空間演出ができます。

そこで、思い切って外装、内装費をかけました。外装はそれまで地味な煉瓦色だったものを真っ白に塗り替え、白亜の洋館のイメージに変えたんです。内装も、思い切って白メインの華やかなイメージで作りました。それまでのフレンチレストランの空間演出は重厚なものが多かったのですが、お客さんが店に入った時、華やいだ印象を持ってもらえるようにしたのです。

メニューはベーシックなフレンチのスタイルを踏襲しつつ、日本人好みにアレンジしました。

そして、サービスはお客さんへの気配りを最優先にしました。フレンチレストランにありがちなもったいぶったサービスや堅苦しいマナーに縛られず、気軽に楽しめることを優先したのです。もちろん、小さいお子さんの来店も大歓迎だとアピールしました。

俺はテーブルマナーとかドレスコードといったものを否定するつもりはありません。でも、俺がやる店はそんな煩わしいことでお客さんにストレスをかけたくないと思っています。食事は笑顔で楽しむことが一番で、他のことはどうでもいいと俺は思うのです。

この店は、開店まもなく国立で話題になり、マスコミで取りあげられるチャンスもあって、すぐに人気店になることができました。立地の不利を見事にカバーできたのです。でも、これだけで俺は満足していませんでした。

そんな時、ある常連のカップルから、「ここでぜひ結婚式をやりたい」という依頼がありました。略式のパーティーではなく、披露宴をやりたいというのです。もちろんお受けしました。俺は『ルイード』で何度かタレントの結婚パーティーをやった経験もあり、とどこおりなく披露宴はこなしたんですが、やってみて「これはおもしろい！」と思ったんです。

当時、結婚式と言えばホテルや会館でやるのが常識で、レストランウエディングというスタイルは、ほとんどありませんでした。そこで、本格的なレストランウエディングに力を入れようと思ったんです。つまり、牧師を前にした結婚式から披露宴まで、フレンチレストランでできるプランを用意したんです。

俺はまず、料金設定を考えました。当時、ホテルで結婚式、披露宴をやろうとしたら一人あたり4万円から6万円ぐらいかかりました。でも仮に5万円のプランだったとしても、飲食代は2万円にもならないと思います。残りは挙式代とか衣装代とか写真代とか花代とか、いろんな経費が積み重なっています。でも俺の店では、飲食代プラスアルファで考え、1万5000円のプランを提案したんです。貸衣装も写真屋も花屋もこちらで仲介して安くしてもらいます。相談ならいくらでも応じます。その代わり、新郎新婦が自分でできることはやってくださいとお願いしました。

ウエディングプランは大成功でした。なにしろ年間200件以上の結婚式をやりましたから、その売上額も相当の数字になりました。

そうしているうち、バブルが崩壊し、フレンチ、イタリアン業界も不景気になります。そうなると他のフレンチやイタリアンでもウエディングプランを始めるようになりした。

俺は先を走っている立場として他の店には負けられません。様々なアイデアを考えました。

その一つが、司会者にマジシャンを使うことでした。マジックなら進行の邪魔にならずに場を盛り上げられると思ったからです。これも『ルイード』で様々なイベントをこなした経験のおかげです。


レストランウエディングの課題は、ホテルウエディングに比べ、施設面で見劣りがすることです。例えば結婚式と披露宴を、ホテルなら別の施設でやれますが、レストランではどうしても兼用になってしまいます。

そこで、どうしても欲しいと思ったのが「チャペル」です。ステンドグラスのはまった挙式専用のチャペル。これがあれば、より本格的なレストランウエディングの店として大きな武器になるはずです。

とはいえ、これこそ簡単にはいきません。まずテナントを借りてチャペルを作るのは難しい。ということは土地を買い、自力で立てるしかありません。

しかもレストランから歩いて行ける距離でないと意味がないので、買える土地を見つけるのが難問でした。もちろん相当額の投資が必要です。さらにチャペルそのものは他の用途に使えない。つまり自力でお金を生まない施設です。金儲け優先ではとても割に合わない投資だと思います。それでも俺は欲しかったんです。他のレストランでできないことをやるのが俺のやり方だと思うし、チャペルがあれば、必ずお客さんに喜んでもらえると思ったからです。

結局、チャペルを手に入れるまでには10数年かかりました。レストランから数十メートルの土地が手に入り、そこにチャペルを作ったのです。

さすがにチャペルだけでは採算が取れないので、チャペルは2階、1階は別の店名のフレンチレストランにしました。こうすれば披露宴会場が二つになりますから、よりチャペルが活用できるというわけです。その後、最初のフレンチレストランの建物の1階も借り、レストランにしたので、披露宴会場は計3つになりました。

さらに、自宅の一部を改装し、披露宴の控え室を作りました。自宅とは徒歩で1分ぐらいなんですが、それをあえて車で送迎することにしたんです。

これにも大きな効果がありました。ウエディングドレスを着て車から降りて店に向かうことが、ちょっとしたセレモニーになったんです。ウエディングドレスは一生に一度の晴れ姿です。どうせならたくさんの人に見てもらいたい、という気持ちが誰にもあります。でも、ウエディングドレスで外を歩くことは、ホテルではできません。それが俺の店では出席者だけでなく、通行人にもお披露目できるのです。時にはちょっとし

曽我氏の念願だった「チャペル」。「チャペル」を作ったことで、より本格的なレストランウエディングを行なえるようになった。(編集部)

た人だかりができることもあり、新郎新婦には楽しい思い出が提供できました。

ウエディング獲得の秘訣

ここで、俺がつちかったウエディング営業の秘訣を教えます。最近はレストランウエディングも当たり前になり、競争も激しくなっていますが、だからこそ大切な秘訣だと思います。といっても、「ウエディングは関係ないかも」と思われる読者がいるかもしれませんが、宴会の獲得にも共通するような秘訣があるので、ぜひ聞いてください。

1．営業は料理長がやる

この場合の営業というのは、下見、相談のためにお客さんが来店した場合です。まず、「結婚式を考えている」お客様を見つけることです。「ここで結婚式を考えているんだけれど」とお客様から声をかけてくださるのを待っていてはダメです。

下見に来たお客さんは、様子を見ていればわかります。忙しくない時間帯に来店して、そわそわしていたり、店内を見回しているカップルのお客さんは、だいたい下見です。普通、カップルでレストランに来るなら、ランチやディナーの時間帯に訪れるし、店内の様子よりもお互いのおしゃべりや料理に気をとられるものですから。

こんなとき、スーツを着たウエディングプランナーとか、黒服のマネージャーが応対するのは間違いです。それだけでお客さんは身構えてしまうし、いかにも売り込みに来たようで興ざめです。そこで料理長が挨拶に出てくるんです。

フレンチレストランで料理長がお客さんに挨拶するのは、ちょっとしたイベントです。それだけでもお客さんの印象は良くなるものです。さらに「料理」という話題で会話が弾みます。そのうち、「ここで結婚式を考えている」とお客さんから切り出してくれます。そうなれば、ほぼ営業は成功です。

あと、忘れてはいけないのは、「他の店も検討されましたか?」と言い添えることです。「大切なイベントですからよく考えて選んでください」というアピールをすることで、よりお客さまの信頼を得ることができます。

2. 自分からお客さまを断らない

希望日は予約が埋まっている、予算的に厳しいといった理由で、せっかくのお客さんをお断りする。これは厳禁です。せっかくウチでやりたいと考えて頂いたんですから、お断りするなんて失礼ですよ。

希望日が予約で埋まっているならば、別の日をご案内すれば良いんです。どうしてもその日、というご希望ならば、「ナイトウエディングも素敵ですよ」と夜の披露宴を提案します。時間が遅い分、割引やサービスもご用意します。

予算面で悩んでいるお客さんの場合、もっと柔軟な対応ができます。俺はスタッフに（言い方は悪いですが）「スリになれ」と日頃から言っています。ようするに、お客さんの懐具合を読み取れという意味です。しばらく話していれば、お客さんがどれくらいの予算を希望しているのか見当がつきます。「あんまり予算がないんですよ」と相手がサインを出しているのに、正規の料金表を持ち出すなんて愚の骨頂、それだけで諦めてしまいます。

とはいえ、こちらも言いなりの値段は提供できません。そんな場合、平日の結婚式を提案するんです。「平日ならば割引が可能ですよ」と。平日は招待客の都合が難しいとなれば、「じゃあ平日の夜はいかがですか」と提案します。予算的にコースメニューが難しければ、ビュッフェスタイルとか、対応の方法はいくらでも考えられます。

俺は自分からお客さんを断ったことはありません。多少無理な注文であっても、それを何とかするのが腕の見せどころだと思っているくらいです。

国立でドミナント展開

フレンチレストランの成功をきっかけに、俺は改めて国立の飲食店事情を観察してみました。国立はＪＲ中央線沿線の街ですが、一橋大学のお膝元、ということもあって、同じ沿線の立川や国分寺、武蔵小金井などとは雰囲気が違います。

国立には大きな盛り場（繁華街）がありません。通りを歩く人も少なく、よく言えば閑静、悪く言えば活気を感じない街でした。他の駅と比べて、飲食店も少なかったのです。ところが、どの店も中に入ってみるとお客さんは結構入っています。「ああこの街の人はぶらぶら歩いて店に入るんじゃなくて、最初から行く店を決めて直行するんだ」と理解しました。

さらによく観察すると、国立は飲食店の絶対数が少ない。そもそも貸テナントが少ないらしい。だから既存店は競争相手が少ないので、あまり企業努力をしなくても成立する店が多い、といった事情が分かってきたんです。

俺は「これはチャンスだ」と思いましたね。なにしろ飲食店の超激戦区、新宿で勝ち残ってきた経験がありますから、ここならどんどん手を広げられると見極めたんです。

俺は、時間を作っては空き物件を探し、見つけたら積極的に出店攻勢をかけたんです。業種も和食、イタリアン、フレンチとそれぞれの物件に合わせて切り替え、どんどん出店していきました。増え続けた結果、国立だけで7店舗を経営するようになりました。もちろん不振の店はありません。

ドミナント出店は理想的な成功の形

一つの地域で店を増やすことをドミナント展開と言いますが、国立での俺のやり方はまさにそれです。一つの地域に出店するのだから、その地域のニーズや商売環境を知り尽くし、次の一手、次の出店を考えることができます。それぞれの店の場所が近いので、すべての店に経営者の目が行き届きやすいのも大きなメリットです。

そして、同じ地域に出店していれば、人繰り（人員のやりくり）がしやすくなります。一部の都心立地を除けば、多くの飲食店はどんな業種であっても、日によって忙しい日、ヒマの日の差が出るものでしょう。国立もそうです。

しかし、同じ地域にいくつかの業種を出店していれば、ヒマな店のスタッフを、忙しい店に回すことができる。しかも俺の店では、スタッフが調理もサービスもできるようにしているので、そうした人繰りがしやすいのです。

ヘルプのスタッフは、ただ店に来てもらえばいいということではないのです。

サービスに慣れていないヘルプのスタッフが、下手なサービスをしてお客さんを逃したら、元も子もありません。そうならないように、日ごろからスタッフの教育をし、どの店にヘルプに行ってもしっかりと働いてもらえるようにしておくのです。そうして人繰りが上手くいけば、人件費のムダを大幅になくすことができます。忙しい日とヒマな日の差で、人繰りに苦労している経営者の方々なら、そのメリットがどれだけ大きいか分かってもらえるのではないでしょうか。

ドミナント出店は、中小の飲食店の理想的な「成功の形」の一つではないかと俺は思います。1店舗だけではビジネスとして規模が小さく、チェーン店のように多店舗化するとなると自分が「おもしろい」と思う店を作りづらくなる。その点で、ドミナント出店の店舗展開は「小さすぎず、大きすぎず」、ビジネスとしても、やりがいにおいても、ちょうどいいのです。

ドミナント出店を成功させるには、さっきも言ったように、その地域を知り尽くすこと、それぞれの店が競合しない業種選びを行なうことなど、大切なことがいくつかありますが、成功すれば中小店であっても、「より大きく稼ぐことができる」商売のやり方です。

「自分がやりたい店だけをやる」と決心

国立だけで7店舗を展開している頃、表参道の店を立て直したりしていて、俺は自分で経営する店、コンサルティングしている店が合わせて17軒になりました。そうなった時、俺は「あれ?」と思うようになりました。さすがに17軒になってしまうと、そうそう店を回ったりチェックしたりすることができません。そうなると、あちこちで不協和音が生まれてきました。売上には問題はなかったんですが、料理やサービス、色々なところで俺が納得できない店が出てきたんです。

飲食店経営者としては、ここが一つの分岐点だと思います。さらに多店舗を推し進めるならば、サービスのマニュアル化といった教育システムを構築するとか、セントラルキッチンを作ってクオリティの安定化をはかるとか、いろんな経営の効率化が必要です。

俺の場合、それまで「地域密着」ならぬ「立地密着」、つまり立地に合わせて個性の違う店を作ってきたわけですが、そのやり方に規模面で限界に達してきたのです。

また、俺は飲食店が店内で調理をしないやり方も好きになれませんでした。多店舗経営の場合、セントラルキッチンにした方が品質は安定します。どんなにがんばっても店ごとに調理していると不安定になってしまいます。じゃあセントラルキッチンの方が良いか、というと問題もあります。一番の問題は各店の料理人のモチベーションが下がることです。素材から自分で調理するからこそ、やる気やプライドが生まれるものなんです。

俺にとって飲食業は金儲けの手段なのは当然ですが、それだけじゃあありません。やっていて「おもしろい」かどうかも重要なんです。金儲けだけを考えていたなら、そもそも国立でフレンチレストランを出店していなかったと思います。

俺のやりたいことは店舗を増やすことじゃない、と思い至りました。その頃、新宿の『ルイード』が閉店ということになり、俺は新宿に通う必然性がなくなりました。そうなると新宿にあるのは『エル・ルイード』だけなので、「どうせなら国立を中心に、自分が今、やりたい店だけをやろう」と決めました。新規のコンサルティングはひかえ、『エル・ルイード』も売却しました。これで俺が経営する店は国立だけになったんです。

また、レストランウエディングが大成功した国立のフレンチレストランも、ちょっと前に売却しました。「店の売却」もビジネスとはいえ、約30年やってきて愛着も強かったので、さすがに店を手放すかどうか悩みましたが、「レストランウエディングをやりたい」、「店を買いたい」という話があり、自分の気持ちの中でも一つの節目として売却することにしました。正直、この時ばかりは、ちょっと寂しかったですね。

なんでもありの『マスタッシュ』

これまで話してきたように、俺は今までフレンチ、イタリアン、和食、ライブハウス、喫茶店、パブなど、いろんな業態を切り回してきましたが、その中でも特にユニークな店が、現在も国立で経営している『マスタッシュ』というレストランです。

『マスタッシュ』は、まさに「なんでも料理屋」です。フレンチ、イタリアンはもちろん、普通の洋食メニューも、中華料理も、日本料理も、とにかく材料があるものならば、なんでも作れる店なのです。

いちおうメニューはありますが、お客さんはそんなの無視して「ムニエルが食べたい」「刺身が食べたい」「ドリアが食べたい」と、とにかく好きなものが注文できるシステムでした。

なんでこんな店ができたか。きっかけは当時のフレンチレストランの料理長が、「たまにはフレンチ以外の料理をやってみたい」と言いだしたからです。

「お客さんが思いつくまま、和洋中、好きな料理を注文できる店」というコンセプトを、「おもしろい」と思いました。これならきっと、お客さんに喜んでもらえる。それに俺は料理人ならば、ジャンルに縛られず、何でも作れないと通用しないと考えていましたから、各店の料理人にも絶好の勉強場所になると思ったんです。

予想通り、『マスタッシュ』は評判になり、店を拡張するほどの繁盛店になることができました。残念ながら、今は料理人の代がかわってしまい、「お客さんが自由になんでも注文できる」というわけにはいかなくなりましたが、今でも「フレンチから和食まで」楽しめる店として健在です。

最近は料理のジャンルを絞った専門店が多く、「なんでも料理屋」というと聞こえが悪いかもしれませんが、「フレンチから和食まで」というのは、逆に今の時代は斬新なんじゃないかなと思ったりします。専門店は何かとうんちくが多くなりがちですが、『マスタッシュ』にそんなものはありません。理屈抜きでお客さんが楽しめる店。それが『マスタッシュ』です。お客さんに愛される店を作るためには、時にそんな柔軟な発想が必要な時もあると思います。

地元とのおつきあい

国立で商売をする上で、特に大事にしているのが、「地元とのお付き合い」です。

新宿や表参道、赤坂と言った都心で商売をしていた時、俺は地元との付き合いなんか、全く考えていませんでした。極端なことを言えば、周囲はみんなライバルですから、お付き合いなんかほとんど考えませんでした。

しかし、国立ではそうはいきません。いや、これは国立だけじゃなくて、大都市の中心部や大きな繁華街をのぞけば、どこで商売をやっても同じだと思います。地域の行事には参加する、ボランティアや募金にも協力する、そういった地元のコミュニティとの「お付き合い」は絶対に必要です。

都心の店のお客さんは、いわば「流れ者」です。来てくれたお客さんだけ満足してもらえれば、それで十分だったりします。でも、それ以外の場所では、お客さんは、地元住民でもあるのです。地元住民は、他の店とも関わりがあるだろうし、仕入れ業者や不動産屋とも関わりがあるかもしれません。いくら俺の店がお客さんを喜ばせたとしても、それが他の店を圧迫したり、付近住民に迷惑をかけていたら、必ずそれがひび割れみたいに、徐々に店をダメにしていくんです。

特に国立のような比較的古い街は、新参者をよく思いません。だからこそ自分から積極的に地域に溶け込んでいく努力が必要なんです。俺なんか元々が一匹狼ですから、お付き合いというのは苦手なんですが、それでも「苦手」を逃げ道にしないように心掛けています

焼き肉『いなみ』開店

前に話しましたが、俺が一番好きな業種は「焼き肉屋」です。焼き肉は大人から子供まで誰でも大好きです（たまには嫌いな人もいるでしょうが）。気取りもないし、みんなが笑顔で楽しめる。これは様々な業種をやってきた俺の実感です。それに経営する側にもおもしろみがあります。焼き肉には追加注文があります。美味しければ、楽しければ、客単価が上がっていくのです。俺に言わせれば、商売として「やりがい」を感じる業種なんです。

でも、7年前まで焼き肉店はやっていませんでした。もともと国立に住んでいたので、行きつけの焼き肉店があり、そこに遠慮して出店しなかったんです。

2008年に出店した俺が経営する焼き肉店『いなみ』は国立駅から徒歩2分、大通り沿いで国立にしては人通りが多く、2階ながらかなりの好立地になります。でも、この店ほど「わけあり」の店も珍しかったですね。

もともとここには国立でも老舗のフレンチがありました（最初に話した態度の悪い店とは別です）。それが10年ほど前、店主の体調不良で閉店することになったんです。俺はその店主とは知り合いだったので、「できれば店を引き継いでもらえないか」と相談されたんですが、俺は「今さらフレンチをやっても」と乗り気薄だったので、不動産屋を紹介したんです。店は居抜き什器備品込みで1000万円ほどで売れたそうです。買い手は、脱サラして喫茶レストランをやるつもりだったそうです。

ところが、いざ改装となると、もともと古い店だったのであちこち改修しなければならず、予想より大幅に工事費がかさんできたんです。結局その人は店を出せず、売却して去っていったそうです。次にまた新しい人が入ったそうですが、こちらも改修費がかさみ、またまた店を手放してしまったそうです。

俺はそんな事情は全く知らなかったんです。たまたま車で前を通った時、「テナント募集中」という看板を見てびっくりしました。それで不動産屋に連絡を取り、事情を知ったんです。それで、とにかく中を見せてもらおうと言いました。実は中に入ったことがなかったんですよ。

中に入ってみると、広さはそこそこだったものの、天井が低くて圧迫感があり、あまり印象はよくありませんでした。「うーん」と言いながら店内を見渡していて、ふと気づきました。「この天井は低すぎるんじゃないか」。調べてみて分かったんですが、実は天井はそこからさらに2メートル上まであったんです。昔の店は天井が低いのが当たり前だったので、わざと低くしていたんです。天井が高ければ、ここで十分商売ができると思いました。

俺が借りたいというと、大家はとても喜んでくれました。きっと繁盛店にしてくれると思ってくれたんでしょう。家賃も下げてくれました。

俺はここは焼き肉屋がいいと考えていました。駅前に有力な焼き肉屋がなかったし、行きつけの焼き肉店からは遠いし、義理は十分果たしたと思ったからです。

ところが、大家は俺が焼き肉屋と言い出すと、表情が曇りました。てっきりフレンチか和食をやると思っていたのです。焼き肉はにおいが出たり、脂で汚れるので、大家にとってうれしくない業種なんです。

俺は無理押しはせず、会席料理店にしました。ただ、俺はどこかで「チャンスがあれば、ここで焼き肉屋をやろう」と考えていました。そこで、改装工事の時、将来的に焼き肉店にもできるようにダクトなどを焼き肉屋仕様にしておいたのです。

会席料理店は3年間続けました。経営は順調だったんですが、俺には不満がありました。「焼き肉屋だったら、もっと売上が上がるのに」と思っていたからです。でも、だからといって国立の別の場所で焼き肉店を始める気にはなりませんでした。どうせやるならここで、という思いが強かったんです。

それに、この店には悩ましいことがありました。お客さんどうしのトラブルが多かったんです。店には大きく分けて2種類の客層がいました。片方は、ゆったりと静かに会席料理を楽しみたいというお客さん、もう一方はにぎやかに宴会を楽しみたいというお客さんです。２種類のお客さんが居合わせれば、当然、静かに食事をしたいお客さんからクレームが出ます。それが続いて、正直「焼き肉屋だったらこんなトラブルもないのに」と思うようになったんです。そして、タイミングを見計らって、「焼き肉屋に変えたい」と大家に相談しました。今度は大家は簡単に承諾してくれました。これが現在の『いなみ』です。

『いなみ』への改装は１ヶ月とかかりませんでした。先ほども話したように、ダクトなどを焼き肉屋仕様にするなど、既に準備はできていたので、費用もわずかで済みました。あまりの変わり身の早さに周囲は驚いたようですが、俺にとっては、これぐらいの用意周到さは、飲食店の商売をやっていく上で当たり前のことなんです。

『いなみ』は開店当初、焼き肉業界そのものが不振だったこともあって、ロケットスタートというわけにはいきませんでしたが、俺は心配していませんでした。実際、現在は、おかげさまで繁盛店になっています。その後、通りをはさんで向かいで経営していた店も焼き肉屋『いなみＤＵＥ』に変えたので、今、俺が経営

曽我氏が経営する焼き肉店『いなみ』は、写真のような会席風のメニューも提供。ランチは主婦層からも人気を集めて いる。(編集部)

する焼き肉屋は2軒になっています。

これも周囲から不思議がられました。「なぜ向かい合って同じ焼き肉屋を2軒経営しているんだ…。どうせなら別のエリアでやればいいのに」とよく言われました。

実は、駅前に2軒、焼き肉屋をやっているのは、いろんな理由があるからです。まず、『いなみ』が週末になると満員になることです。焼き肉屋というのは、お客さんの滞在時間が長く、2時間近くかかります。ということは、満席になってしまうと、次のお客さんがかなり待たなくちゃならない。普通のお客さんはあきらめて帰ってしまいます。そこで、「向かいに同じ店がありますよ」と案内すれば、せっかく来てくれたお客さんを逃すことがありません。

それに2軒あれば、人手のやりくりにも都合がいいし、食材もまとめ買いができるメリットがあります。

さらに重要なポイントとして、駅前に2軒あれば、他の街から焼き肉屋が参入しづらいという「効果」があります。どの街にも一番人気の焼き肉屋がありますし、そこは虎視眈々と隣町への進出をねらっているんです。どんな街にも、一軒ぐらい一番人気の焼き肉屋があるでしょうが、それが1軒だけだと、隣町の焼き肉屋が参入するチャンスありと考えます。でも、その店が駅前に2軒以上あれば、自重するでしょう。そんな効果もあるのです。

現在、そしてこれから

俺は今、新しい業態の焼き肉屋を考えています。詳しいことはできてからのお楽しみということで、ここではお話ししません。それを見て「また曽我マジックか」と驚いたり喜んだりしてくれる方がいることを期待しています。

ここまで、駆け足で俺の飲食業遍歴をお話ししましたが、飲食業というのは「時代を生きているんだ」と改めて思いますね。

お客さんのニーズ、流行だけでなく、事件、世相の移り変わりにも飲食業は影響を受けます。俺は時代の先読みができるわけではありませんが、結果として人よりは少し先を歩くことができました。それは、やっぱり注意深く世の中を観察してきた成果だと思います。変わり続けなければ、飲食業はやっていけないんです。

かわらぬ味、伝統ののれんを看板にしているお店も、世の中にはあるでしょうが、実のところ、「変わらない味」ではないでしょう。きっと時代に合わせてアレンジを繰り返しているはずです。

俺も生涯飲食業と心に決めた身なので、これからも新しいことにチャレンジしていくつもりです。

連戦・連勝

第5章

「曽我マジック」を生んだ飲食業成功の秘訣50

SUCCESS

ここでは、外食一筋50年、まさに連戦連勝の外食人生を歩んできた曽我氏から、飲食業成功の秘訣をキーワードにして教えてもらいます。曽我氏ならではの驚きの発想から、「あたりまえ」にやるべき基本的なことまで、そのどれもが、飲食店で成功するために知っておきたい秘訣です。(編集部)

飲食業のすすめ

飲食業には魅力がいっぱいあります。まずそれを聞いてください。

01 飲食業はおもしろい！

俺の経験で言えば、飲食業は役者稼業よりもおもしろいと思います。役者は「同じ演技を繰り返し、突き詰めていく」という仕事なので、単調なところがあります。

それに比べると、飲食業は、毎回違うお客さんが相手です。同じサービスを繰り返すだけではお客さんを満足させることは難しい。毎回がリハーサルなし、一発勝負の本番なのです。俺はそれが本当におもしろいと思うのです。

02 飲食業は楽しい！

飲食業はお客さんを喜ばす仕事です。

人間が一番楽しい気分になるのは、おいしいものを食べているときです。自分のサービスでお客さんを楽しい気分にできれば、本当に楽しい。これはぜひ体験してもらいたいです。

03 飲食業はうれしい！

お客さんは正直です。店が良ければまた来てくれるし、気に入らなければ、二度と来てくれません。お客さんが喜んでくれれば、お客さんは必ず増えます。リピーターがやってくる、忙しくなる、売上が増えるという形で自分のがんばった結果が、ダイレクトに跳ね返ってくると、本当に嬉しいものです。これが飲食業の醍醐味です。

04 飲食業はわかりやすい！

飲食業は基本的に現金商売です。1日の売上は、すぐ手に取ることができます。もちろんそれをすぐに使うのは絶対にダメですが、1日の終わりに「どれだけがんばったか」、現金というわかりやすい形で結果が見えるのは、モチベーションが上がります。

飲食業に向いている人、いない人

どんな職業にも「適性」というのはあります。逆に言えば、向いていない仕事は、どんなにがんばってもなかなか結果が出ないものです。自分が飲食業に向いているのかいないのか、しっかり確かめてください。

05 経営者になりたい人は飲食業に向いている

飲食業の本当のおもしろさは、経営者になってみないと分かりません。学生のアルバイト、フリーターとして「生活費を稼ぐために」飲食業で働くのはいいかもしれませんが、就職先として飲食業を選ぶなら、独立開業を志してください。独立開業という目標があれば、自ずと上を目指し、進歩していきます。他の職業でも同じですが、よほどの大企業や役人でもない限り、独立して経営者になる、そういう目標が持てる職業を選ぶことをお勧めします。

06 「気が利く」人は飲食業に向いている

飲食業に「学力」は関係ありません。まさしく学歴不問です。その代わり、「気配り」のできない人は飲食業に向いていません。お客さんを観察し、何を期待しているのか、どうすれば喜んでもらえるのか、それを読み取る、感じ取る能力が必要なんです。残念ながら、これはある程度、天性のもので、なかなか訓練で身につくものではありません。だから、「勉強はできないけど、よく気がつく」人はぜひ飲食業を選んで欲しいと思います。

07 「時間に正確」な人は飲食業に向いている

これは他の仕事でもそうでしょうが、時間にルーズな人は飲食業に向いていません。飲食店は営業時間が決まっているし、予約客が来る時間も決まっています。特に経営者になった場合、遅刻しても怒られませんから、時間にルーズだと自覚のある人は必ず改めるべきです。これは気配りと違い、訓練で身につけることができます。「時間に正確」ということは、それだけで人に信用されるものです。身につけて損はありません。

08 「自分で仕事を探せる」人は飲食業に向いている。

人間、忙しい時は、誰でもそれなりに一生懸命働くものです。大事なのは、「ヒマな時」です。ヒマな時に仕事を探してください。掃除でも整理でも、やることは必ずあるはずです。これはモチベーションの問題と同じかもしれませんが、人から指示が出るまで何もしないようでは、飲食業で成功することは難しいですね。

09 「仕事の早い遅い」は適性と関係ない

仕事を覚えること、仕事をこなすことはスピードに個人差があります。要領がいい悪いの差と言えるかもしれません。一見、仕事が早いほうが適性があるように思えますが、俺の経験から言えば、これは適性とは関係ありません。早いほうがいいわけでも、遅い方がいいわけでもないのです。どちらにせよ、長く仕事をしていれば、「適切な早さ」に落ち着くのです。

10 飲食業を投資だと考えている人は向いていない

最後に、飲食業に向いていない、というかやるべきではない人の話をしておきます。世の中には、異業種から飲食店の経営に手を出す人がたくさんいます。それ自体がダメなわけではありませんが、飲食業は中に飛び込んで一緒に仕事をする人しか成功しません。例えば、「流行っている店を買い取った」「フランチャイズに加盟した」だけで、自ら本気で商売に取り組んでいない経営者の多くは失敗します。そりゃあ、そうです。本気でやっていても失敗する人が少なくない世界で、本気でない人が成功するわけはないのです。

俺は、安易な気持ちで飲食業に参入し、大変な損失を被った人をたくさん知っています。数千万、時には億の単位の大損です。その人達は、飲食業、あるいは飲食店経営を投資かなにかとカンちがいしています。俺に言わせれば、それはやらない方が良かった投資です。やらなければ損をしなかったんですから。

アイデアはこうやって思いつく

飲食業に限らず、商売で成功するためには「他にないアイデア」が必要です。どんなにがんばっても、人と同じことをやっていたのでは、競争に勝つことはで

きません。とはいえ、他にないアイデアなんてそう簡単には出ません。そこで、アイデアを生み出すヒントを教えます。

11　アイデアは二番煎じがいい

俺のアイデアは、たいていヒントになった店があります。新しいことをゼロから発想するのは難しいことだし、発明や特許ではないので、商売のアイデアは「オリジナル」である必要はないのです。むしろオリジナルアイデアの場合、無駄な部分も多いものです。だからオリジナルを自分なりにアレンジしてアイデアの精度を高める。アイデアは、そんな「二番煎じ」がいいと思います。

12　アイデアの元は「斬新だけど成功していない店」

すでに成功しているアイデアは、それをそのまま借用しても意味がありません。なぜかというと、それはアイデアとして完成されたものなので、自分がアレンジできる余地がないからです。あくまでもらうのはヒントなので、アイデアをそのまま引き写したら、それはパクリです。パクリは絶対にオリジナルを越えられません。

ヒントにするのは、「発想としてはおもしろいけど、そのままではうまくいかない」アイデアです。先ほどの「二番煎じがいい」のところでも話したように、改良する部分を見つけることが、成功するビジネスを見つけるヒントになるんです。

13　困ったら逆転の発想

繰り返しますが、アイデアというのは、そうそう出るものではありません。常にアンテナを張っていても、ヒントすら見つからない時があります。

そんな時は、とにかく今やっていることの「逆」を考えてみるんです。考えることはタダですから、無駄でも無茶苦茶でも、とにかく考え方をひっくり返す。これが突破口になる場合があります。

14　思いついたらやってみる

思いついたアイデアは、できることなら、すぐやってみることです。大きな投資が必要なことは無理でしょうが、自分の仕事が増えるくらいで済むなら安いものです。手間を惜しまず、無駄だと考えず、まず実行してみることが重要です。

15　スタッフの提案は採用する

スタッフから提案があった場合、俺は（可能なことならば）どんな案でも採用、実行します。もし失敗したとしても、そんなの大した問題じゃあありません。自分のアイデアと同じように、スタッフのアイデアも貴重です。無駄にしてはいけません。

16　「基本」をないがしろにしない

飲食店の基本は「美味しい料理」と「良い接客」です。いくらアイデアが良くても、ここが守れていないと意味がありません。アイデアで勝ち抜くことができるのが飲食業のおもしろさですが、飲食店の基本をないがしろにしたら決して成功しません。あくまでアイデアはプラスアルファの価値だということを忘れないでください。

曽我流商売必勝法

ここでは俺の商売で成功する秘訣を教えます。

17 経営者は店の仕事をすべて覚えろ

これは本当に全部です。接客はもちろん、調理も覚えなさい、です。言い換えれば、従業員がやる仕事は、なにもかも、経営者はできなくちゃあダメだと言うことです。

俺は、フレンチでも会席料理でも何でもやります。もちろん専門学校も行ってないし、料理人として修業したわけではありません。現場で手伝いながら覚えたんです。

飲食店経営は、現場がすべてです。デスクワークじゃあありません。だからこそ経営者は接客も調理も「できる」ようにならないとうまくいきません。

18　経営者は従業員の手本になれ

経営者は、すべての従業員の先生にならなくてはいけません。料理人であろうと、ウエイターであろうと、経営者が自ら手本を見せることでスタッフはついてきます。経営者が「オーナー」だと思われていてはダメ。「リーダー」だと思われることが重要です。現場、お客、スタッフ、数字、その全部を指導できないとスタッフがついてきません。

19　経営は攻撃だ！

経営は先手必勝、攻撃で行かなきゃダメです。ぼーっとお客さんが来るのを待っているような店は成功しません。調子が良くても悪くても積極性は必要です。むしろ順調な時こそ次の手を用意しておくくらいの積極性が必要です。うまくいかなくなってから慌てて動いていては遅いのです。

20　恥を恐れるな！経営者最大の恥はお客が来ないこと

商売は度胸が一番、想いが二番だと俺は思っています。お金がないなら汗をかけばいい、恥をかけばいいのです。呼び込みをする、ビラをまく、こんな時に恥ずかしがっていては効果がありません。不器用でもいいので、せめて度胸は持ってください。恥をかくことから逃げないでください。

「経営者最大の恥はお客が来ないこと」。俺はそう思うのです。

21 家賃は高くてもいい

よく開業前に家賃を気にする人がいますが、良い物件があれば、家賃を気にするのはおかしい。良い立地なら家賃が高いのは当たり前です。そして良い立地なら「きちんとした商売をすれば」必ず売上は上がります。それくらい、立地の有利は商売に大きく影響するのです。

もちろん、不当に高い家賃は論外です。それは、家賃の相場を勉強して見極めなければなりません。その上で、あえて言います。本当に良い立地なら、「家賃は高くてもいい」のです。

例えば、俺なら駅から遠い家賃5万より駅に近い家賃50万、駅から遠い100坪よりも駅に近い10坪の物件を選ぶ。そういうケースがよくあります。これまでの経験から、飲食店は「立地」が重要なことを知り抜いているからです。

開業前に家賃を気にしすぎるのは、「気持ちが負けている」証拠です。繁盛店になれば、家賃なんか大した負担じゃありません。

22 繁盛店になる構想が描けるなら「2階」もOK

前と矛盾するようですが、立地や物件の好条件ばかりにこだわるのが正解とは限りません。あまりにも好条件だと初期投資がかかりすぎて、とても借りられないこともあるでしょう。

例えば、Aという物件とBという物件を検討している場合、立地の差が中途半端なら、必ずしも立地優先で決める必要はありません。自分がどんな商売をするのか、どんな客層をねらっているのか、きちんとした構想があれば、立地や物件の条件だけで決めなくてもいいんです。

実際、俺のやってきた店のほとんどは「条件的に不利」と言われる2階以上や地下の物件です。それでも成功できたのは、2階でもムリなくお客さんが利用してくれる業種を選ぶなど、繁盛店になるための構想があったからです。2階や地下でもあっても、繁盛店になる構想を描ける物件だったからです。繁盛店になる構想が描ける物件かどうか。よく見極めてください。

23 地域ごとの「有力な客層」を取り込む

ミシュランガイドに載るような店は知りませんが、普通の飲食店のお客さんは、基本的に「店の前を通る人々」です。だから地域差があり、全国一律の内容ではうまくいきません（全国ブランドは別です）。だから地域に応じたサービスや商品が必要です。

地域ごとに、ターゲットにすべき「有力な客層」というものがあります。そこに着目してください。どの地域でも、家族客や会社員は主力客層になることが多いですが、加えて、その地域ならではの有力な客層というものがあるはずです。例えば、学生だったり、力仕事の人たちだったり、あるいは主婦だったり。いまなら定年になったシニア層が有力な客層になっている地域も多いでしょう。

そうした地域ごとの有力な客層を取り込むことで繁盛店になりやすくなります。例えば、俺が経営している焼き肉店『いなみ』は、家族客に加えてランチでは主婦層にも人気です。会議用の焼き肉弁当を病院関係者に宅配することもやっています。つまり、主婦や病院関係者といった国立で有力な客層のニーズを取り込んでいるのです。

じゃあどうやって地域の傾向を見抜くのか？俺が見ず知らずの地域で出店するなら、まず駅の周辺を調査し、地域の繁盛店を調べます。繁盛店に入り、なぜ流行っているのかを分析し、参考にします。繁盛店はやはり地域のニーズを掴んでいます。繁盛店をしっかりと調べれば、いろんなことがばっちりと分かりますね。

また、俺が経営したフレンチの店では、一般的なお客さんは一人5000円ぐらいで気軽に利用してもらいながら、一方で、一人2万円以上の常連さんも多く掴みました。そうしたお客さんを掴めると、売上は大きくなります。商売ですから、より高い金額を使ってくれるお客さんも掴めるようになることが、俺は大事だと思います。

でも、何もしないで、そうしたお客さんを掴むことはできません。一種の「特別扱い」が必要です。経営者の俺が自らあいさつして感謝するなど、それ相応のことをやるわけです。一部のお客さんだけを「特別扱い」するのは不平等という見方もあるかもしれませんが、そこは、他のお客さんの気分を損ねないようにうまくやるのです。そうしたところが、経営者の器量なんじゃないかと俺は思います。

24　厨房はオープンカウンターで

俺が作った店の多くはオープンカウンターです。オープンカウンターの良いところは、「お客さんが調理風景を見られるのでより美味しく感じる」、「空間的に開放感がある」といったお客さん側のメリットと、「料理人とサービス員の連携が取りやすい」、「お客さんから見えない空間が減るので、スタッフが手を抜かない」、「すみずみまで掃除を怠らない習慣ができる」といった管理上のメリットがあります。

25　明朗会計でわかりやすい店にする

これはフレンチや日本料理などの高級店の場合です。いわゆる敷居が高いと思われている業種の店こそ、明朗会計でわかりやすい店にすることで、お客さんを集めやすくなります。逆に「いくらかかるか分からない」という不安をお客さんに持たれると、それだけで客足が鈍ります。

値段を見せないことが高級店の証であるように考える人もいるでしょうが、「値段に糸目をつけない」お客さんは少数派です。お客さんの立場で言えば、値段が見える方が都合がいいに決まっています。

26 集中出店のすすめ

国立でのドミナント出店の説明（116頁）のところでも話しましたが、店舗を増やす時、俺はできる限り近くに店を作ります。できれば徒歩圏内が望ましい。普通、一つのエリアに一つの店が常識のように思えますが、俺はそう思いません。

集中出店の大きなメリットは、先にも説明したようにスタッフを有効活用できることです。どんな店でもヒマで人手が余っている状態と、忙しくて人手不足の状態が起きるものですが、これを解消できるドミナント出店のメリットは本当に大きいです。

27　お客さんにサプライズを

お客さんは、期待しているサービスが手に入ることよりも、期待していなかったサービスを受けた方が喜んでくれます。俺の場合、例えばお客さんが誕生日だったり、なにかの記念日だったりした場合、それが分かった時点で、なにかプラスアルファのサービスを用意します。重要なのは、サプライズのチャンスを探す観察力ですね。

28　お年寄り、子供、障害者のお客さんを大事に

変な話ですが、お年寄り、子供、障害者の方と一緒のお客さんは、どこか「負い目」というか、「遠慮」を持っておられるものです。なぜなら、他の店で気まずい思いをした経験があるからです。そこで、スタッフがお年寄り、子供、障害者の方には、より心を込めたサービスを行なえば、きっと喜んでもらえます。

29　食材が値上がりしたら

例えば焼き肉の場合、原価率が高いですから、食材の値上がりは痛手です。一

番簡単な解決法は値上げですが、これは客足が遠のく原因になります。ならばどうすればいいか。解決法は2種類しかありません。質を下げるか、量を減らす、どちらかです。俺は絶対に「量を減らす」を選びます。お客さんは「おいしいもの」を食べに来るのだから、品質を下げるのは論外です。特に焼き肉は、肉の良しあしが味にストレートに反映されるので、品質を下げたら客離れが起こりやすいのです。だからといって値上げもお客さんにはうれしくありません。本来ならばなんとかやりくりして元通りが一番ですが、それが無理なら品質は下げずに量を減らし、事情を説明します。これが可能な範囲で一番お客さまに理解してもらえる解決法だと思います。

30 売却もビジネスのうち

店や事業の売却も、立派なビジネスです。自分が育て、人気店や有名店になった店や事業は立派な商品であり、それが欲しい（買いたい）という声があれば、話を聞き、自分が納得できる条件であれば、売却すればいいのです。

これまで話してきたように、俺は今まで何度も店を売却してきました。でも、こちらから「売りたい」と言ったことはありません。買いたいという人がいたから売却したんです。

俺の場合、成功した店を守り続けることだけに執着することはありません。「買いたい」という話が来れば、前向きに考えます。だって売却資金を使って、新しいチャレンジができるじゃないですか。

「自分が苦労して作った店だから」と後生大事に店を守っていては個人事業主ではなかなか発展が難しい場合があります。また、自分の作り上げたブランドを手放すのも躊躇があるでしょう。でも俺はこう考えます。また新しい店を作ればいいだけじゃないか。そうすれば、新しい店を作り、新しいブランドを育てていく飲食業の醍醐味をまた感じることができるじゃないかと。ずっとこのポジティブな発想でやってきたからこそ、まわりから「連戦連勝だね」と言われる実績を残すことができたのだと思います。

ただし、売却には「売り時」があることを忘れないでください。ダメになってしまってからでは、何の価値もありません。いま勢いがある！という状態が、「売却」のチャンスだったりします。ここはよく考えてください。

31　有能な経理が必要

これも重要です。飲食業はやりがいのある、おもしろい商売ですが、「数字」も大切です。どんぶり勘定では経営はうまくいきません。有能な経理役がいるかどうか。これも成否を分ける大きなポイントです。中小の飲食店なら、経営者の妻が有能な経理役になってもいいでしょう。経理が有能ならば、売上を変えずに利益を上げることができます。

32　商売は金儲け100%では続かない

商売の本質はお金儲けですが、儲けを経営者が独り占めしようとすると、かえって損をしますよ、という話です。利益が増えればスタッフに還元する、地域に還元するという形で、適切な儲けの還元をすべきだし、それが長い目で見て商売を成功させる秘訣だと俺は思っています。

曽我流人材活用術

飲食店経営というのは、自分だけが働けば済むというわけではありません。いかに人をうまく使うかが重要です。特にこの項目を設けたのは、「人をうまく使っていない」経営者があまりにも多いと思うからです。

33 料理人になめられるな

飲食店経営で、よくあるトラブルの一つが、「料理人になめられる」ことです。もちろん、ほとんどの料理人は面と向かって経営者に生意気な態度を取ったりしません。でも、内心では「どうせ料理のことなんか分からないだろ」と思っているのが普通です。

これは、経営者側にも問題があります。料理人出身の経営者は別として、それ以外の経営者は、料理人に遠慮が出てしまいやすい。チェックも甘くなりがちです。例えば手間を惜しんでいないか、コストに無駄がないかなどといったチェックが甘くなります。

人間は現金なもので、悪いところをチェックされたり、逆に良いところを評価されたりしないと、いいかげんな仕事をしてしまうものです。

料理人にちゃんと仕事をしてもらうためには、先にも言いましたが経営者自身が料理人としてのスキルを身につけることです。数字だけを見て原価率がどうの、利益率がどうのと言っても、料理人は思い通りに働いてくれません。

34 料理人とサービス員の関係に心を配れ

いい店がダメになっていく過程でよく起きるのが「料理人とサービス員のトラブル」です。例えば、料理人のこんな態度がサービス員を委縮させます。料理の催促をされると怒り出す。できた料理をすぐ運ばないとまた怒る。サービス員から「お客さんからこんなリクエストがあるんですが」と持ちかけても、「そんなのできねえ！」で一蹴してしまう…。

基本的に料理人の方がサービス員よりも立場が強いですから、サービス員は料理人に言い返せず、その鬱憤は、どうしても接客に反映されます。つまり客扱いが悪くなるんです。当然、お客さんはそんな不愉快な店に来たくないですから、客足は遠のきます。これがダメになる悪循環なのです。

こうならないために、店主はよく観察し、不和の芽があれば、芽のウチにつぶしておくことが重要です。そのために店主の観察力、注意力が問われます。

35 店が「ダメ」になったら従業員総入れ替え

普段からきちんと店を管理していないと、店が「ダメ」になります。「ダメになる」というのは、お客さんの評判が悪くなり、売上が見た目にもはっきりと落ちていくような状態です。飲食店にはよくあることですが、そこまで「ダメ」になってしまった場合の対策はひとつしかありません。料理人もサービス員も含め、全員にやめてもらうことです。乱暴なことを言うようですが、これは絶対です。

飲食店は1日やそこらで「ダメ」になりません。「ダメ」になるのは小さな手抜きやサボり、人間関係のトラブルなどが積み重なった結果です。それがエスカレートして、売上をごまかしたり、業者からリベートを取ったりすることもあります。

「ダメ」になった店というのは、従業員全体が汚染された状態なのです。責任者のクビをすげ替えても問題は解決しません。同じことが起きるだけです。「全員をやめさせたら、明日からどうやって営業すればいいんだ」などと考えるのは間違っています。経営者が店のすべてを把握していれば、新しいスタッフに教えることができますし、人手が足りない場合は、経営者が現場に立てばいいんです。

逆に言えば、経営者は必要とあれば、従業員の総入れ替えができるだけのスキルと覚悟が必要だ、ということです。

それと、俺はスタッフにやめてもらうとき、「残念だが君はこの仕事に向いていない」と説明します。人はそれぞれ特技やのめり込めることがあります。「飲食以外に君が活躍できる職場があるはずだから、それを見つけてがんばりなさい」と諭すのです。これは本音です。

36 調理もサービスも両方を覚えさせる

俺が経営する店では、社員全員に料理人とサービス員、両方できるように教育しています。入社前にそれはきちんと説明します。中には「今まで料理をしたことが一度もない」という子もいますし、「人見知りで接客が苦手」という子もいます。それで俺は「独立開業を志しているのなら、両方できなくちゃダメだよ、調理は人任せ、接客は人任せでは、なかなかうまくいかないよ」、「やる気があれば、どっちもできるようになる。最初から尻込みしていちゃあ、何もできないよ」と教えるのです。事実、俺の店で2年以上働いた子は、みんな調理も接客も完璧にこなします。やればできるんです。

そして、従業員ががんばって働くためには、「それが自分のため」だと教え込まなくちゃいけません。経営者のためでもなく、お給料のためでもなく、お客さんのためでもない。自分が独立開業したときの糧にするためなんです。

でも、人間は弱いものですから、決意とか覚悟なんてものは長続きしません。時間がたてば仕事に追われ、流されていくものです。

だから俺は、「何のためにここで働いているんだ、自分のためじゃないのか」と何度も繰り返し言います。考え方だけじゃありません。仕事も根気よく教えます。前に話したように物覚えの早い遅いは個人差ですから、覚えが遅いことは責めません。でも、気持ちが入っていないことはしっかり叱ります。

また、従業員を教育する上でもう一つ重要なことは、自分がお手本であり続けることです。いくら正しいことを言っても信用されなければ、言うことを聞いてはくれませんから。

37 大事なことは壁に貼る

とはいうものの、経営者が常に店にいて、同じことを言い続けるのは無理です。経営者としてステップアップしていくならば、店舗を増やさなければいけません。そうなると不在の時間も増えます。

俺は今まで、大事なことは紙に書いて壁に貼ることにしました。いつでも従業員が目にすることができるからです。難しいことは書きません。「仕事は自分のためにやる」とか「仕事は自分で見つけてやる」といった言葉です。実際に俺は、これらの言葉をよく使います。調理場やスタッフルームの壁などによく貼りました。

「仕事は自分で見つけてやる」。これが実践できるスタッフは成長が早いし、先輩から可愛がられます。仕事が楽しくなります。本当に「自分のため」になるのです。

そして、お店にとっても、スタッフがヒマな時に自ら仕事を見つけてやってくれれば、人件費をムダにしなくて済みます。これは大きなことです。その意味でも、「仕事は自分で見つけてやる」という言葉は、スタッフに繰り返し伝えておくべきだと思います。

他にも、スタッフに声をかける際によく使う言葉としては、「時間をムダにするなよ」というのがあります。「若い若いと思っていても、すぐに歳をとるぞ。将来の自分のため、今が大切だぞ」と伝えます。これは、俺自身の人生を振り返っての実感です。「時間をムダにしないことの大切さ」に気づかせてあげることが、経営者として、人生の先輩として、大事なことだと思っています。

また、注意する際によく使う言葉としては、「仕事をしにきたのか、作業をしにきたのか、どっちだ？　仕事は頭を使ってやるもんだぞ。もっと自分でよく考えろよ」と言います。何事もそうですが、一見、単純な作業のように思えても、頭を使ってやると、もっとうまくできるようになります。俺はそれが「仕事」というものだと思うのです。そのことをスタッフに理解してもらうことが、店を良くしていく秘訣でもあるんです。

ただし、こうした言葉もちゃんと伝わらないと、「ただのきれい事」で終わってしまいます。日頃の意識教育、経営者への信頼があってこそ、効果があるのです。

38 新人面接は従業員にやってもらう

俺は新人の面接をやりません。店長やマネージャーにもやらせません。面接を担当するのは、責任者ではなく中堅の社員にやってもらいます。

というのも、経営者である俺や店の責任者である店長、マネージャーが面接するよりも、立場や年齢の近い中堅社員の方が、相手も本音が言いやすいだろうし、質問もできるから、「どんな職場か」理解しやすいと思うからです。

また、雇う側から見ても、実際に新人と一緒に仕事をするのも教育係になるのも中堅社員なんですから、一緒に仕事をしやすい人を選んでくれます。面接というのは難しいもので、やればやるほど人の見極めというのは難しい。それで試行錯誤の結果、思いついたのがこの方法です。

39 利益はちゃんと還元する

飲食店経営者が忘れてはいけないこととして、「儲かったら従業員にも利益を還元すること」があります。決まった給料や時給だけで「従業員への義務は果たした」と思うのは大間違いです。従業員は売上を知っています。売上が上がっているのに待遇が変わらなければ、「忙しい思いをしただけ損」だと思ってしまうかもしれません。

従業員のやる気を引き出すためには、「がんばれば給料が上がる」という、経営者との信頼関係が重要です。

40 待遇も「チームワーク」を考える

とはいえ、飲食店経営はチームワークですから、個人ごとに目標設定をしたり、歩合制にしたりはしません。それは仕事を数字だけで評価することになると思うからです。また、一度給料を上げると、売上が下がったからと言って簡単に給料は下げられません。それこそ生活に響きます。この点も考えておく必要があります。

だから昇給は、ある程度、安定した売上アップが保証されてから、しかも従業員は個人差なく一律、幹部だけ個人差をつけることにしています。

「それでは個人のがんばりが評価されないのでは」と思われるかもしれません。そこはタイミングを見るのです。例えば「彼女ができた」「結婚する」など個人の事情に合わせた昇給をやっています。その子が普段からがんばっていたなら、不満は出ません。親代わりなんて偉そうなことは言いませんが、経営者はそれくらいのケアができないといけないと思います。

41 責任を持たせる

従業員のやる気を引き出すポイントは「給料」と「責任」です。俺は従業員それぞれの能力や実績に合わせて責任を持たせています。「ここはおまえにまかせるからしっかりやれ」と言われたら従業員はがんばります。ただし、経営者はまかせたことに責任を持たなくちゃダメです。つまりちゃんと責任を果たせるのか見極めることです。できない責任をまかせるのは誰にも得になりません。

42 経営をまかせる

俺の場合、店の責任者としてこいつなら大丈夫、と見極めたら「自分の給料は自分で決めていいよ」と言います。つまり店の経営をおまえにまかせるよ、と言うわけです。自分の給料を自分で決められる、というのは経営者になったようなものです。

それだけじゃありません。「店から出す俺の給料もおまえが決めていいよ」と言うのです。これが従業員との信頼関係のゴールだと俺は思っています。

43 独立を応援する

俺は最初から「独立開業する志のあるやつ」を雇っています。だから従業員が「独立開業したい」と言い出せば、喜んで送り出します。

実際、国立で商売を始めてから数多くの従業員を送り出し、10名以上は人気店の経営者として活躍しています。

ただし、全員を気持ちよく送り出した訳じゃありません。俺が見て「こいつに経営者はまだ無理だな」と思った場合は止めますし、「こいつはどこまで行っても経営者は無理」と見れば、「雇われの方がいいよ」と正直に話します。

忘れてはいけない商売の基本

最後に、これはあたりまえかもしれませんが、商売には不可欠な要素をあげてみます。

44 まず成功させたい！という強い想いを

飲食店経営というものは、自分が一国一城の主になる、ということです。それは自分が大将になると同時に、命がけで自分の城を守らなければならないことを指します。何が何でも成功させるという強い想いが必要です。

45 商売は理屈ではなく身体で覚えろ

商売は何でもそうだと思いますが、理屈では分かりません。飲食店で働いた経験のない人は、例えばセミナーへ行くよりも、1日店舗で働いた方がよっぽど身につくことがたくさんあるかもしれません。

飲食店経営を志すならば、まず飲食店で働いてください。あなたがやりたい店を開業する場合はもちろんですが、もしあなたがフランチャイズ店のオーナーになるのであっても、単に研修を受けるだけでなく、何の関係もない店で従業員として働く経験をすることをお勧めします。その結果、「自分は飲食店経営に向いていない」と判断し、飲食店の開業をやめてもいいと思います。経験もなしに店を始めて苦労することを思えば、よっぽど正しい判断になるはずです。

前に飲食店というのは「お客様の気持ちを読み取る仕事」と書きましたが、これも経験がなくてはできません。

マニュアルを否定するつもりはありませんが、飲食店ならまず現場、そして体験が自分の糧になります。

46 成功するまでがんばる

もし開業してもお客さんが来なければ、1日の売上目標が達成できなければ、どうすればいいか。それはがんばるだけです。具体的に言えば、目標額に達するまで閉店しないとか、呼び込みをするとか、メニューを外に貼るとか、料理のおいしい写真を貼るとか、とにかくできることをがんばるのです。商売は成功しなければ、投資の損、働きの損、とにかく損しかありません。古くさい精神論だと思われるかもしれませんが、成功するまでがんばり続ける、そして何が何でも成功させる。これが商売の基本だと思います。

47 妥協するな

人間は弱いものです。でも経営者となれば、自分を叱ってくれる人はいません。自分で自分をコントロールしなければいけないのです。例えばお客さんが来ないからと言って、営業時間を短くするなんてありえません。

経営者にとって妥協は厳禁です。やろうと決めたことはやる。それが正しいと思ったら困難があっても突き進む。間違っていると思ったらずるずる引っ張らずにやめる。とにかく妥協はダメです。そして「自分は妥協していないか」と常に自分に問うのを忘れてはいけません。

48　時間を無駄にするな

店というのは忙しい時間もあればヒマな時間もあります。伸びる店、伸びる人というのは、いかにヒマな時間を無駄にしないか、にかかっています。例えば3分ヒマがあれば、営業の電話ができます。その気になれば店にいて「やることがない」なんてことはあり得ません。人は必ず、「無駄にした時間」のことを後悔します。そうしないために、遊んでいる時間を作らないようにしてください。

49　赤字は出すな

当たり前ですが、赤字を出すのはダメです。俺は赤字を出しません。赤字になりそうならば、人件費を減らし、自分が働くのです。売上が足りなければ、営業時間を延ばすのです。お客さんが来ないならば、呼び込みでもビラまきでも、出前でも何でもやるんです。

絶対に赤字を出さないという決意があれば、赤字を出さない方法はあります。

50　借金はない方がいい

よく「借金も財産のうち」と言いますが、借金はしない方が楽です。何が何でも借金をするな、と言うわけではありませんが、少なくとも飲食店経営に限って言えば、大規模にならない限り、融資なしでもやっていくことが可能です。銀行との関係は長く続く方がいいとか、いろいろ言いますが、経営が順調ならば融資を受けるのは簡単です。借金というものは常にストレスになりますから、しなくてもいいならば、しない方を勧めます。

連戦・連勝

第6章

飲食業界から元気な日本を復活させよう

Japan

飲食業一筋50年以上の曽我氏に、これからの飲食業界について展望を語ってもらいました。2020年には56年ぶりに東京でオリンピックが開かれます。曽我氏は、今こそ原点に返り、飲食業界から元気な日本を復活させようと語ります。(編集部)

東京オリンピックは日本復興の象徴だった

もうすぐオリンピックが東京に帰ってきます。あれはもう50年以上も前なんですね。前の東京オリンピックのころ、俺は東京に出てきたんです。

あの当時、日本には本当に活気がありました。誰もが上を向き、一生懸命生きていた時代でした。一生懸命であることを楽しんでいた時代だったと思います。

戦後の苦しい時代が終わり、ようやくここまで来た。これからどんどん良くなる。がんばればがんばっただけ良い暮らしが手に入る。そういう目標を持っていた時代でしたね。そういう意味では、今より良い時代だったと思います。

今の時代も悪くない

でも、単純に「昔は良かった」なんて言いません。例えば、飲食業で言えば、当時より今の方が、よっぽど有能な人材が集まっています。昔はどいつもこいつも（俺自身を含めて）バカばっかり（笑）。不良で頭が悪くて、仕事にあぶれた連中がやっているのが飲食業でした。だから物覚えは悪いし、サボるし、ケンカばかりしていました。

でも今は真面目だし、頭もいいし、素直で、いい人材が飲食業に入ってくれます。人材の質という点で言えば、高度経済成長の時代よりも、バブル経済の時代よりも、今が一番飲食業にとって「恵まれた時代」だと思います。

それなのに、今の飲食業界は元気がありません。これは本当にもったいないと思うのです。

飲食業界は過去に学んでいない

そこで思うんですが、飲食業界は「過去から学んでいない」気がすごくするんです。確かに時代の流れというものがありますから、昔のことをそのままやってうまくいくわけじゃあありません。

でも、よく「時代は回る」というじゃありませんか。ファッションだって元と同じではないけれど、やっぱりサイクルみたいなものがあって、昔流行したデザインが、アレンジされて新しい流行になっていると聞きます。たぶん、どの世界でも似たようなことがあると思うんです。それは飲食業界も同じ、流行があるんだから、リバイバルだってあるはずです。過去を学べば、きっとこれからのビジネスのヒントになる、そう思います。

ところが、飲食業界は昔の流行が分からない。例えば、昔に「○○喫茶」というものが流行っていたという記録は、探せばあるかもしれませんが、それがどんな商売で、どこに魅力があったか、お客さんは何に喜んでくれたかという風なビジネスのヒントになる情報は見かけないんです。

俺の願い

この本で、俺の昔話を聞いてもらったのも、「昔はこんな商売があった」という話をすることで、これから商売をする人に少しでもヒントをあげたいと思ったからです。

飲食業界は今、人材の質に恵まれています。そして飲食業界は「お客さんが喜ぶ」ことをすれば必ず成功します。これはチャンスなんです。俺がもっと若かったら、それこそいろんな飲食業を始めますよ。

最初にも言いましたが、新しいオリンピックが東京で開かれるのは、日本が活気を取り戻すチャンスだ、と考えている人はたくさんいるはずです。俺もその一人です。「時代が違う」と頭ごなしに否定しても、得なんかしません。俺は「商売は攻めあるのみ」と書きましたが、今は攻めの好機だと思うんです。

俺は飲食業が活気を取り戻せば、日本がまるごと元気になると思っています。なんといっても人間にとって「食事」は活力源ですから。この本が少しでもその後押しになって欲しいと思っています。

第7章

曽我直伝「今、繁盛間違いなしの店」

ここでは、曽我氏から、「今こんな店をやれば繁盛間違いなし」というアイデアを披露してもらいます。曽我氏が「俺は飲んべえだから、今から飲み屋をやれば、すぐ死んじゃう。だからは自分ではやれない」(笑)というお酒の業態です。(編集部)

連戦連勝

Proposition

例1　中高年のための「大人の居酒屋」

最近、中高年が楽しく飲める店が減っていると思います。

今、居酒屋と言えばチェーン店ばかりが目立ちますが、昔はもっといろんなタイプの居酒屋が賑わっていました。とにかく料理が美味しい店、話し上手な店主がいる店、美人の女将さんがいる店、いろいろなタイプの居酒屋に活気がありました。そして、中高年のお客さんたちが、居酒屋でのひとときを楽しんでいました。

でも、今の居酒屋は若者のための場所になってしまい、中高年には居心地が悪くなってしまった。そんな感じがします。

だからこそ今、中高年も楽しく食べて飲める「大人の居酒屋」が求められているはず。そこで提案です。

★店舗概要

業種は小料理屋をベースにした店＋30席ぐらいある店舗＋板前が作る本格料理

＋若い女の子のスタッフが接客

★ポイント

①中高年層が納得する「美味しい料理」

②接客係は若い女の子が割烹着で

★席構成／席数

カウンター10席プラステーブル席が４人掛けで４～５卓。計26～30席の大きさが適当でしょう。後述しますが、それより小さくても大きくても効率が良くありません。

★メニュー構成

腕のいい板前に、あえて「家庭料理」を作ってもらいます。会席風の見た目重視の和食ではなく、煮物、焼きものも素朴な料理、しかも薄味ではなく、酒が進むようにしっかり濃いめの味付けです。つまり、家庭では味わえない「プロの味」

の「家庭料理」を提供するのです。

カウンターには最低4～5皿の大皿料理を用意し、見た目の演出とすぐに食べることができる手早さを工夫します。

基本的にメニューは400円未満で食べられるものから、平均500円～700円程度におさえます。メニューには季節感を出すため、半分は固定、半分は日替わりがいいでしょう。

ポイントはすべてを安価なメニューにしないことです。高級品を食べたいお客さんもいますから、数品は高級品（大トロ刺身とか和牛ステーキとか）を用意します。平均客単価の想定は3500円～4500円くらいです。

★スタッフ構成

・板前1名

まず、料理をきちんと作れる、腕のいい板前が必要です。ただし、板前が得意な料理、作りたい料理を作るのではなく、「プロの味の家庭料理」「酒に合う濃いめの味付け」という店のコンセプトを徹底させます。

・割烹着の女性スタッフ数名

女性スタッフは20歳ぐらいの若い女性をアルバイトとして起用します。服装は絣（かすり）のような庶民的な和服に「割烹着」です。彼女たちが料理やお酒を運びます。カウンター席のお客さんにも、女性スタッフがサービスします。

彼女たちはあくまで「お運び」ですが、オススメメニューを紹介する、1杯目はお酌をする、料理やお酒が空いていたら追加注文をうかがう、くらいは教育をしておきます。

女性スタッフは1人だけでなく数名が必要です。1人だけだと店に華やかさが出ないからです。逆に言えば、数名の女性スタッフがいて採算性を考えれば、26~30席の客数が必要になるということです。

・女将1名

女の子のまとめ役として、店の顔として、女将を一人置きます。女将役は30代後半~40代ぐらいの女性で、料理の心得があることが条件です。

女将も和服です。彼女には板前にまかせるまでもない簡単な調理（大皿料理を温めるとか）や会計を担当してもらいます。

こういうタイプの店は、「女将さん」というキャラクターがいることでバランスが良くなりますし、調理場と客席、両方をまたぐ役割を持たせることで、店全体をひとつのチームとしてまとめる機能があります。

日常の中のちょっとしたオアシスに

★注意点

この店は流行ると思いますが、注意すべきは回転率です。お客さんに長居されては売上が伸びません。そこで満席の場合は、店内に待ち椅子を置き、お客さんにプレッシャーをかけることも必要。「ここは長居する店ではなく、楽しく飲んで食べて、切りよく帰る店なんだ」という風に、お客さんに認識してもらいましょう。

★ポイント

お客さんに「家庭料理が美味い店」「若い女の子が割烹着で働いている店」というイメージを定着させるように、ポイントを絞ってアピールすることです。ただし、「若い女の子が働いている店」といっても、いわゆる「お色気」で集客しようというのとは、ちょっとニュアンスが違います。

こんな風にイメージしてみてください。定年になって、なんとなく時間を持て余し、少し寂しさを抱えている60代、70代のお客さん。そんなお客さんが、このお店にやってきて、自分の子供ぐらい（あるいは孫）の若い女の子に笑顔でお酌をしてもらったら、日常の中のちょっとしたオアシスになりませんか。中高年のお客さんは舌が肥えていますが、この店は「家庭料理が美味しい店」なので、その点もばっちりです。つまりこの店は、これから増えるであろう、60代、70代の居酒屋需要を見込んだ店なのです。

例2　レトロ感覚のキャバレー

最近、キャバクラが不振と聞きます。その理由は明快でしょう。いまひとつ景気が良くない今、「料金が見えない」、「結局高くつく」というイメージがあるからです。定額料金をうたっていても、女の子がドリンクを欲しがれば断れませんし、女の子は入れ替わりますから、同じ女の子と話を続けるためには指名料が必要です。そうなると「気分良く」飲み続けるためには、どんどん追加料金がかかります。今どきの若い人たちはキャバクラで一晩に数万円も使うなんて、思いもよらないと思います。

要するに、経営の仕方を見直さないと、キャバクラからお客が離れてしまうのではないかと思います。バブル時代の経営感覚がどこかに残っていると、客足は遠のいてしまいます。キャバクラのようなタイプの夜のお店も、サラリーマンたちの憩いの場として親しまれてきた日本の飲食文化の一つです。もし廃れてしまうとしたら、それは寂しい。

そこで、原点回帰ではありませんが、バブル以前、70年代のキャバレーを参考に新しい店を提案します。コンセプトは単純、「定額料金」です。

★概要

料金はガチの明朗会計。最初に提示された料金で楽しく飲めること

★ポイント

・定額制

例えば最初の1時間（あるいは2時間）は、女の子のドリンク代や指名料など、「追加料金」システムは廃止し、決まった額で、堂々と楽しく飲める店にする。

追加料金についても、ボトルキープ、料理の注文、時間延長など、すべて明朗会計を徹底し、お客さんが「今どれくらい使っているか」がちゃんと分かり、お客さんが納得できる料金体制にする。

・ボトルキープはお手頃価格で

ボトルキープは値段を低く設定すること。ボトルで大きく儲けようと考えるの

は短絡的。ボトルキープは「リピートしてもらえる」、「お客さんの名前を覚えられる」といった大きなメリットがあるので、積極的にお勧めします。そのためには、お客さんがお得に感じる売り方が必要。利幅をおさえてお手頃価格で提供します。

・入り口にはドアマンを置く

店の入り口に、ドアマンを置きます。これは呼び込みではありません。泥酔客などを店に入れないための「番人」です。さらに言えば、料金体系を把握し、お客さんの予算を聞いて、「1時間ならそのお値段で大丈夫です」と保証する役割です。もちろん、ドアマンが保証した料金は絶対です。

・派手なネオンサインで優良店をアピール

派手なネオンサインは「ウチは堂々とした商売をやっています。お客さんを騙したりしません」ということをアピールし、かつその責任を負うという意味があります。

・**客単価を上げることより、満席にすること、回転率を上げること**

当然、客単価は下がりますが、お客は増えます。満席状態を維持できれば、赤字になることは無いと思います。常に満席になるような人気店になれば、口コミでどんどん新しいお客さんもやってきます。お客さんからどれだけお金を取れるかではなく、どれくらいお客さんを入れるかに集中するのです。

「昔の商売」には「飲食業の基本」がある

キャバレーという特殊な業種の例を紹介しましたが、それは一口に飲食業といっても、様々なタイプの店があり、それぞれにチャンスがあるということを、お伝えしたかったからです。そして、「レトロ感覚」のキャバレーがまさにそうであるように、「昔の商売」は、今の時代に成功するヒントがたくさんあると思うのです。

今から50年前、俺が10代後半の時に働いて大繁盛店となった『マーメイド』のようなウイスキーとカクテルのバーもそうです。この店をヒントにすれば、今の時代にヒットする業態が作れそうな気がしてなりません。

みなさんが、俺の話をどのように受け止めたのか。その受け止め方は、もちろん自由ですし、人それぞれでしょう。ただ、一言付け加えるなら、「昔の商売」には「飲食業の原点がある」、「今につながるヒントがある」ということをお伝えしたいですし、いくらかでもそれを理解してもらえたなら、とても嬉しく思います。

あとがき

改めまして、曽我泰夫です。

今まで俺の話を聞いてくださって、本当にありがとうございます。

皆さんの役に立つ話ができたかどうか不安ですが、自分が積み上げてきたノウハウというか引き出しは総ざらえしてお話ししたつもりです。


読んでいただいて、そう思った方もいらっしゃるでしょうが、俺が成功できたのは「マジック」のおかげじゃあありません。

結果を残すことができたのは、俺が必死にがんばったからです。そして「どうすればお客さんに喜んでもらえるか」を考え抜いた結果です。

これはまさに「あたりまえ」のことで、「マジック」とは縁遠い物です。言い換えれば「マジック」は、「がんばる」「お客さんのことを考える」という「商売の基本」に加える「スパイス」みたいなものなんです。

そんな「マジック」を、最後にもう一つだけ書き加えておきます。

それは「先祖を大切にすること」です。

俺は27歳の時、先祖の墓を宮崎から東京に移しました。当時まだ若かったたし、7人兄弟の末っ子だった俺が、墓の面倒を見るのもおかしな話なんですが、もう東京に骨を埋めるつもりだったし、いつ行けるか分からない宮崎に置いておくよりもいいと思ったんです。当時の俺にとっては結構な買い物でした。

でも、そこから運が開いたと、俺は思っています。実際、それ以来、商売で失敗した記憶がありません。

今さら言うのは気が引けますが、商売にも「運」は重要です。どんなにがんばっても、知恵を絞っても、それでも災難に見舞われたり、不運が襲ったりすることがあります。逆に大きくステップアップするには、出会いとか、チャンスといった「幸運」も必要です。

俺は幸いにも、「予期せぬ不運」に巻き込まれることもなく、逆にいくつかの「幸運」な「チャンス」を手に入れることができました。これは自分なりに先祖を大事にしたおかげだと思っています。これは何の理屈も根拠もありませんが、俺が

50年間飲食業をやってきた経験で、真理だと信じています。参考にしてください。

そして、この本を読んで「自分も飲食業で身を立てたい」という志を持ってくれた人、ぜひ一緒にやりませんか。俺の店で働いてみませんか。俺の考え方、やり方を受け継いでくれる若者を待っています。

この本を出すにあたり、旭屋出版編集部の亀高さんには大変御世話になりました。そして、この本を最後まで読んでくださったあなたに深く感謝します。

曽我泰夫

献辞

本書を、今まで俺を支えてくれた妻ユウ子に捧げます。

●著者紹介●

曽我泰夫

1947年、宮崎県に生まれ、10代で上京。10代後半から働いた新宿の店で、自身のアイデアで始めたウイスキーとカクテルのバーが大ヒットした。その後、コーヒー豆の会社で喫茶店の開業コンサルティングに従事する。1972年、ライブハウスの『新宿ルイード』支配人に就任。売上不振の経営危機に直面していた『新宿ルイード』を立て直す。立て直しの成功後、『新宿ルイード』の支配人を務めながら㈱曽我を設立。経営者として新宿にバー居酒屋とビストロをオープンする。1984年、東京・国立にフレンチレストランを出店。以来、国立に集中出店する形で店舗を展開。2008年、国立に焼き肉店『いなみ』を出店。2013年に『いなみ』2号店をオープンし、現在は焼肉店を中心に飲食店を経営。

■ **株式会社曽我**　住所／東京都国立市東2−24−30
連絡先／☎ 080−1151−5849

外食一筋50年 連戦連勝の飲食店経営
「曽我マジック」と呼ばれた男の勝ち抜くアイデア・成功の秘訣

平成28年1月30日　初版発行

著　者　曽我泰夫《そがやすお》
制作者　永瀬正人
発行者　早嶋　茂
発行所　株式会社　旭屋出版
〒107−0052　東京都港区赤坂1−7−19
キャピタル赤坂ビル8F
電話　03（3560）9065
FAX　03（3560）9071

郵便振替　00150−1−19572
印刷・製本　株式会社シナノ

ISBN978-4-7511-1180-2 C2034